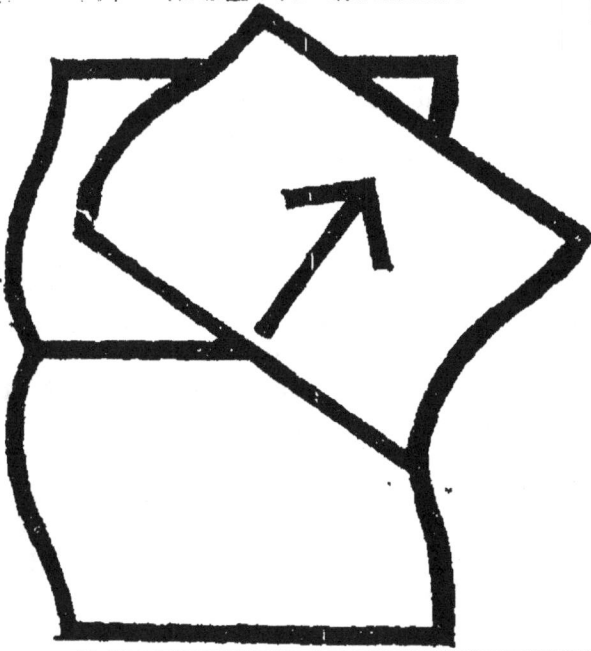

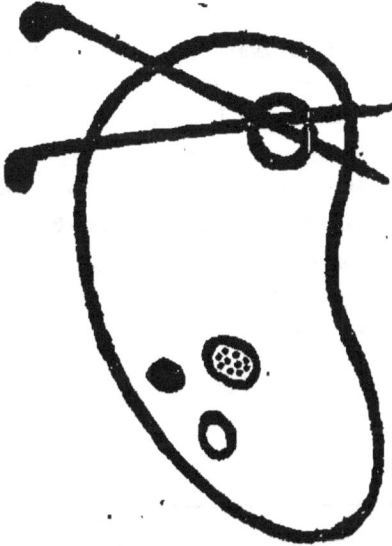

CHEZ LE MÊME ÉDITEUR

UN PEU DE PHILOSOPHIE, *sophismes et paradoxes*, par NOTOWICH, (Marquis O'Kvitch), 2me édition, 1 vol. in-8°.............. 3 fr.

ÉTUDES ÉCONOMIQUES ET FINANCIÈRES, par FOURNIER DE FLAIX, 2 vol. grand in-18.................................. 10 fr.

LA RÉFORME DE L'IMPÔT EN FRANCE, par LE MÊME, 2 vol, in-8° 18 fr.

ESSAI SUR L'ORGANISATION SOCIALE, par VALSÉGANE, 1 vol. grand in-18... 3 fr. 50

ESSAI DE PHILOSOPHIE NATURELLE, *le Ciel, la Terre, l'Homme,* par ADOLPHE D'ASSIER, 1 vol. in-18................... 3 fr. 50

ESSAI SUR L'HUMANITÉ POSTHUME, *le Spiritisme par un positiviste,* par ADOLPHE D'ASSIER, 1 vol. in-18............... 3 fr. 50

LA PHILOSOPHIE TERRESTRE, par BARSALOU-FROMENTY, 1 vol. in-8° 5 fr.

L'HOMME, *étude humoristique de nous-mêmes et de la société actuelle,* par CARTERON, 1 vol. in-8°................... 3 fr.

LA CONFESSION ET L'EXPOSÉ DE L'ÉVANGILE DEVANT LE TRIBUNAL DE LA FOI, par le prince YOUSOUPOFF, traduit du russe par le comte TOLSTOÏ, broch. in-8°............................. 0 fr. 50

JUIFS ET CHRÉTIENS, par la princesse GORTSCHAKOFF-OUVAROFF, broch. in-8°... 1 fr.

PHILOSOPHIE DE LA NATURE, par HENRI LEVITTOUX, 2me édition, 1 vol. in-8°.. 10 fr.

LA LUMIÈRE SUR LA VIE ET LA MORT, par J. SEM, 1 vol. in-8°.. 6 fr.

ÉTAT PRÉSENT DE L'ÉGLISE CATHOLIQUE ROMAINE EN FRANCE, par E. MICHAUD, 1 vol. gr. in-18......................... 3 fr. 50

CONTRIBUTION A L'ÉTUDE DE LA BIBLE, par SOREL, 1 vol. in-8°. 7 fr. 50

LE CHRISTIANISME, *sa valeur morale et sociale,* par CONSTANT BLON-DEAUX, 1 vol. in-8°................................ 7 fr. 50

Beauvais, imp. A. Schmutz, 32, rue Beauregard.

PHILOSOPHIE ATOMISTIQUE

—

PREMIÈRE PARTIE

L'ANTICATHOLIQUE

PHILOSOPHIE

ATOMISTIQUE

PAR

MARCELLIN LANGLOIS

PREMIÈRE PARTIE

L'ANTICATHOLIQUE

PARIS

AUGUSTE GHIO, ÉDITEUR

PALAIS-ROYAL, 1, 3, 5 ET 7, GALERIE D'ORLÉANS

—

1889

INTRODUCTION

———

Quand on se crée, pour soi-même, une méthode philosophique, comme celle-ci est applicable, non seulement à l'examen des choses de science et de stricte réalité, mais encore à l'examen des choses humaines, on est porté le plus souvent à donner à ses conclusions, en ce dernier cas, un caractère excessif, qui n'est en aucune façon compatible avec la variété, avec la variabilité des choses sociales et des idées purement humaines.

La difficulté qu'on éprouve à se faire entendre de son lecteur, n'est certes pas aussi grande, lorsqu'on se rencontre avec un courant d'idées communes bien déterminé et qu'on se laisse porter par lui ; mais peut-on croire qu'il en soit ainsi, dans le moment présent ?

L'anarchie la plus complète règne dans les idées ! Celles-ci sont tellement disparates, et ceux qui les propagent tellement compromettants pour elles, par leur caractère, par leur insuffisance et leur sottise, qu'on ne saurait, dans cette mêlée confuse qui se produit sous nos yeux, prendre sérieusement parti pour l'une ou pour l'autre, et surtout pour l'un et pour l'autre.

Il semble, d'ailleurs, qu'actuellement les idées s'inspirent de préférence de la fantaisie ! cela répond si bien à notre tempérament !

Rien ne se tient et on chercherait vainement dans tout ce qui s'écrit, dans tout ce qui se débite et n'est pas de l'ordre scientifique, une suite, un enchaînement quelconques.

Il en résulte une absence totale de direction morale et intellectuelle que nul ne saurait nier et qui caractérise aussi bien ceux d'en haut que ceux d'en bas : les premiers, peut-être plus encore que les seconds.

A quoi tient cet énervement général qui est au fond de presque toutes les consciences, sinon à l'apparition d'un ordre de choses nouveau, avec lequel ne sont plus en conformité les idées en honneur chez les dirigeants, il y a une dizaine d'années environ et qui n'ont été remplacées par rien, que je sache.

Il y a une transition qui s'effectue entre le vieux monde et un monde nouveau, celui-ci, au point de vue intellectuel, portant encore la marque de son origine.

Cette transition qui s'opère plus particulièrement dans les personnes, n'est pas sans entraîner avec elle les inconvénients qui viennent de la transformation brusque des situations. Par là, en effet, se trouvent mis en évidence tous les défauts, tous les ridicules inhérents aux individus et dont le principal est cette vanité, qui apparaît excessive, bestiale, à ceux qui suivent dans la coulisse, les péripéties diverses de la comédie humaine.

C'est alors, s'il n'y prend garde, que l'observateur, voyant de ces choses qui lui déplaisent et se laissant guider par des motifs purement rationnels, imagine une société, telle qu'elle devrait être, sans se préoccuper de ce qui pourrait être fait pour améliorer celle qu'il a sous les yeux.

S'il se propose même d'agir, son sort est indiqué d'avance !

Comme l'a dit Machiavel : « Beaucoup se sont figuré des républiques et des principautés qu'on n'a jamais vues ni connues. Car, il y a si loin de la manière dont on vit, à celle dont on devrait vivre, que celui qui laisse ce qui se fait pour ce qu'on devrait faire apprend à se ruiner plutôt qu'à se préserver ; car il faut qu'un homme qui veut faire profession d'être tout à fait bon au milieu de tant d'autres qui ne le sont pas, périsse tôt ou tard. »

Si l'on veut être impartial et surtout, politique, il faut, pour apprécier les hommes et se comporter vis-à-vis d'eux comme il convient, se placer au-dessus d'eux et faire la part des influences qu'ils subissent, des circonstances qui les ont faits tels qu'ils sont.

D'autre part, et en règle générale, il faut s'en rapporter à Machiavel : « Les hommes sont ingrats, inconstants, dissimulés, lâches devant le danger et âpres au gain. Tant que tu leur fais du bien, ils sont tout à toi ; ils t'offrent leur sang, leurs biens, leur vie, leurs enfants, quand tu n'en as pas besoin ! mais quand tu te trouves en danger, ils se révoltent ! »

Le portrait, assurément, n'est pas flatté, mais s'il est exact, il convient toutefois de ne pas trop s'en inspirer : ce n'est pas une semblable inspiration qui peut jamais élever l'homme au-dessus de lui-même.

Il importe plutôt de bien considérer la société en elle-même et sous ses formes multiples, ses conditions nouvelles de développement et de lutte pour l'existence. On arrive, alors, à cette conclusion que l'homme d'aujourd'hui doit savoir plus et mieux qu'autrefois et savoir surtout se placer en face des réalités. Celles-ci n'apparaissent pas encore bien nettes dans la plupart des esprits, mais le moment n'est pas loin où les idées nouvelles feront sentir leur action, même sur les masses, et d'autant mieux qu'elles trouveront une occasion de s'appliquer.

L'Europe en armes, écrasée de charges militaires, ne saurait en effet supporter longtemps le poids d'une situation pareille à celle d'aujourd'hui.

Une lutte sanglante est à prévoir, qui sera certainement le prélude d'une révolution sociale plus redoutable encore que la guerre étrangère pour les monarchies qui nous entourent.

Une dette toujours croissante, même en temps de paix et devenant subitement formidable, écrasante, à la suite d'une guerre comme celle que nous sommes appelés à voir éclater, peut-être à plus bref délai qu'on ne pense ; de nouvelles iniquités sociales : voilà quelles seront les causes de bien des bouleversements dans les idées relatives à la propriété et au gouvernement. Les nouveaux venus sur cette terre seront-ils donc toujours obligés de supporter les conséquences des folies de ceux qui les ont précédés, par cette unique raison qu'ils leur sont redevables de si peu que ce soit ? C'est chose peu probable, et le moment n'est peut-être pas bien éloigné où cette situation, qui est en réalité une situation de dupes, fera place à une autre où l'on se sera débarrassé de nombre d'obligations surannées.

Et ce sera la conséquence des prochaines guerres, conséquence fatale du césarisme implanté chez nous pendant vingt ans, pour le malheur de la patrie, et des doctrines politiques mises en pratique par le gouvernement de l'Allemagne.

L'incertitude du résultat final, le pressentiment naturel de terribles revanches sociales : telles ont été les causes principales qui jusqu'ici ont retenu nos voisins. Mais nul ne l'ignore ! l'échéance ne saurait être indéfiniment reculée.

Quoi qu'il en soit, veillons, nous autres enfants de France, à supporter vaillamment et victorieusement le choc et nous montrerons à tout ce vieux monde rétrograde, ennemi de toute liberté, de tout progrès vraiment humain, que nous avons encore les enthousiasmes d'il y a cent ans.

Et quelque légitimes que soient de certaines impatiences, quelques choses qui soient à modifier dans nos institutions politiques, dans notre organisation sociale et gouvernementale, il nous faut tout remettre après la lutte définitive, laquelle ne saurait tarder.

Bien des institutions sombreront alors, qui sont uniquement des instruments d'oppression, d'exploitation, mais il faut aussi que nous profitions de l'exemple à nous donné par notre première Révolution, et que notre évolution historique ne soit pas arrêtée par la dictature d'un seul : cela par suite de nos fautes, de nos dissensions intestines, de notre impuissance intellectuelle. Une évolution régulière, librement consentie et provoquée par le progrès des lumières, par la diffusion des idées vaut assurément mieux qu'une révolution violente.

C'est cependant ce que ne semblent pas comprendre certaines catégories de nos populations : elles se reportent vers des partis qu'elles avaient condamnés, il n'y a pas bien longtemps encore. Et pourquoi ? Précisément, à cause de ces fautes qui sont le propre de certains hommes, lesquels, actuellement, se rapprochent plus de la vieille doctrine politique autoritaire que de la véritable doctrine libérale.

L'homme de la campagne, isolé, et par là même peu apte à résister à des suggestions incessantes, cet homme, dis-je, se laisse trop facilement entraîner vers une politique qui lui serait funeste, comme à ses conseillers, d'ailleurs, par les conséquences révolutionnaires qu'elle entraînerait à sa suite, si jamais elle arrivait à prévaloir.

Dans certaines régions, celles du Nord, par exemple, le parti clérical, pourvoyeur des monarchistes, étend le plus possible ses ramifications, ses moyens d'influence occulte.

L'Eglise agit de toutes façons, par ses congrégations surtout : elle tâche à constituer une vaste association de secours mutuels (!), à tenir les gens par les intérêts plutôt certainement que par la doctrine, à peser enfin sur les consciences par les moyens les plus misérables et qui font de ses sujets des bêtes par les appétits, plutôt que des hommes.

Là est l'ennemi avec lequel, un jour ou l'autre, il faudra être impitoyable, avec lequel les demi-mesures ne seront plus de mise. La liberté n'est pas faite pour ces gens-là, et ceux qui l'invoqueraient pour eux ne sauraient être que des complices.

L'homme de la campagne devrait comprendre, d'ailleurs, que s'il est en droit d'attendre une amélioration à sa situation, une diminution des charges considérables qui pèsent sur lui, il n'obtiendra tout cela que d'un régime républicain et non pas de ceux qui l'excitent.

Il oublie ensuite, trop volontiers, que ces charges qu'il supporte, il les doit à ces conservateurs qui le viennent aujourd'hui solliciter et qui étaient les plus chauds partisans du régime de la guerre et de l'invasion. Il a fallu payer la rançon de nos désastres, reconstituer nos moyens de travail et de défense; on a voulu ensuite donner à tous, par l'instruction, les moyens de mieux assurer la liberté : on a dépensé beaucoup, sans y mettre assez de discernement, peut-être ; mais enfin on a donné à tous des outils, des moyens d'action. Est-ce donc la faute de la République si les impôts pèsent aussi lourdement sur notre pays ? si le malaise actuel résultant de mauvaises années, de mauvaises conditions économiques, s'ajoute à celui qui résulte de l'état politique de l'Europe ?

Ce n'est pas, du reste, en quelques années seulement, qu'on peut se faire une idée exacte de ce qu'il faut au pays, pour améliorer sa situation présente !

Il y a, d'abord, la méthode de travail parlementaire qui s'y oppose et qui est à modifier. Qu'on diminue de moitié le nombre des députés, qu'on supprime le Sénat et qu'on astreigne chacun au travail et à une présence effective : par là on aura déjà amélioré, quelque peu, l'état de choses actuel.

Alors en effet, qu'on n'arrive à produire que par un travail incessant, il n'est guère admissible que des législateurs considèrent leur situation comme simplement honorifique et procèdent en conséquence.

L'organisation du régime parlementaire offre d'ailleurs à cette catégorie de députés une occasion trop belle d'occuper leurs loisirs à des intrigues politiques, pour qu'il ne soit pas tout indiqué, par exemple, de nommer pour toute la durée d'une législature, les ministres présidant les commissions parlementaires ressortant à leur spécialité. Par là, on couperait court à beaucoup de ces ambitions malsaines, qui tirent uniquement leur origine d'une sorte d'hystérie du pouvoir et du côté des comparses, de l'inaptitude au travail, résultat de leur oisiveté et du manque d'obligations strictes par lesquelles ils devraient être liés. On aurait par là encore réalisé peut-être les moyens d'arriver à cet esprit de suite, absolument nécessaire en toutes choses et spécialement dans celles de la politique.

Mais là n'est point actuellement notre préoccupation principale ; c'est plutôt d'offrir à ceux qui veulent lutter sur le terrain intellectuel, contre des tendances religieuses qui ne sont pas de notre époque, — chez nous au moins, — une doctrine aussi complète qu'il est possible.

Le rapprochement et l'utilisation des données multiples de la science moderne, suffisent actuellement à la réalisation d'une synthèse assez vaste pour satisfaire pendant un temps, cette inquiétude continuelle qui est de l'esprit humain.

Ce qui, actuellement, nous fait le plus défaut, c'est une vue d'ensemble sur les découvertes acquises à la science et particulièrement sur les plus récentes. Ce sont elles, précisément, qui, par les aperçus nouveaux qu'elles nous procurent sur les choses de la nature, sont venues jeter une lumière inattendue sur ces notions qui sont à la base de la connaissance en philosophie, c'est-à-dire de la connaissance en général.

Or, cette dernière ne règle-t-elle pas nécessairement le cours des idées purement sociales et même ne provoque-t-elle pas l'apparition d'idées nouvelles ?

Mais ce ne peut être évidemment que sur des esprits cultivés que se peut faire sentir cette influence ; quant à la masse, elle reste trop ignorante, trop inculte pour que l'on puisse avoir raisonnablement l'intention de faire servir ces choses à l'amélioration de son ordinaire intellectuel.

Si cependant, l'on ne doit pas absolument nier l'influence de ces idées sur le peuple lui-même, il convient de la laisser s'exercer par ceux que, pour des motifs divers, cela peut intéresser : leur vulgarisation reste l'affaire d'autrui : mais ce n'est point la nôtre.

MARCELLIN LANGLOIS.

L'ANTICATHOLIQUE

—

Cette œuvre de philosophie générale que je publie aujourd'hui et que je tâche, autant qu'il est possible, de mettre à la portée du public ordinaire, j'avais pensé tout d'abord lui donner les allures paisibles d'une simple exposition de principes d'ordre purement scientifique, sans aucune digression d'ordre moral ou politique.

Je ne m'étais, en effet, proposé que l'examen des questions scientifiques se rattachant aux infiniment petits : *corps et phénomènes*.

Mais à cause même de cette circonstance que j'avais à parler des derniers, comme ils sont de toute sorte, et classés, par exemple, quant à ceux qui nous apparaissent de la façon la plus nette, sous les dénominations de mécaniques, physiques, chimiques, physiologiques, psychiques enfin, et comme à la base de tous, il y a du mouvement, uniquement du mouvement, je me suis trouvé, par degrés insensibles, amené à élargir le cadre de cette étude.

Une des raisons qui ont le plus contribué à me déterminer, c'est que si en France l'enseignement de la philosophie a pris de nouvelles allures, il n'en est pas moins vrai que ceux qui, en politique ou autrement, possèdent quelque action, sont susceptibles d'exercer une direction quelconque, ceux-là subissent encore l'influence de la vieille philosophie spiritualiste.

Et cependant quelques-uns, je n'oserais dire beaucoup, quelques-uns tendent à s'en dégager ou ne veulent point reconnaître l'influence qu'elle exerce sur eux ! Mais, à la vérité, il n'est pas si commode qu'on le pourrait croire de se dégager des influences résultant de l'éducation, de l'instruction premières et aussi de la façon de penser et de s'exprimer qui est celle de la grande généralité du public, du peuple enfin.

Ceux qui ont un peu d'expérience des hommes et des choses, savent combien il est fréquent de voir les individus prendre les façons et manières d'être des milieux dans lesquels ils se trouvent.

En pourrait-il être autrement d'ailleurs ? Le milieu où l'on est réagit par une série d'impressions, de suggestions, à dose homœopathique il est vrai, mais continues, et on ne saurait guère se soustraire beaucoup à son action, sans avoir en soi une volonté constante, une certaine somme d'individualité, une force de résistance suffisante comme celle que l'on trouve dans son expérience d'abord, et ensuite dans la perspective d'un but bien déterminé, vers lequel on tend par un effort incessant.

Cela n'est pas et ne peut pas être donné à un bien grand nombre.

De son côté, le peuple qui n'a ni le temps, ni les moyens de penser, adopte des idées toutes faites, subit l'impulsion des habiles qui se chargent de... son éducation. C'est là un malheur ; car lui, plus que tout autre, quand il domine, quand il jette dans la balance sociale, ses appétits primitifs, ses instincts désordonnés, conduit inévitablement les esprits cultivés au scepticisme le plus absolu, au dégoût le plus invétéré, de tout effort intellectuel sérieux, probe surtout.

A quoi tient-elle donc cette anarchie intellectuelle et morale, où nous nous débattons actuellement ? A bien des causes complexes que je ne saurais prétendre à résumer toutes en ces quelques lignes.

A des époques déterminées de l'histoire des nations, on voit se manifester des idées qualifiées de subversives par les partisans obstinés d'un ordre d'idées et de choses auquel ils s'attachent aveuglément, et d'autant plus qu'ils sont plus incapables d'évolution.

Mais, en général, elles ne sont considérées comme telles, que parce qu'elles sont nouvelles. Les puissances établies dont l'ambition naturelle consiste à sauvegarder les situations acquises, à jouir en paix des avantages qu'elles ont su se réserver, ces puissances, dis-je, ne sauraient accepter volontiers des nouveautés, toujours dangereuses pour des motifs divers.

S'il fallait cependant aller à la source, aux origines des biens quels qu'ils soient, qu'il s'agit à défendre, on éprouverait une singulière difficulté à trouver la raison d'être de cette légalité par laquelle on les protège : ce serait le cas de rappeler alors le mot de Danton : « Ce sang est-il donc si pur ! »

Qu'est-ce donc que la propriété, les biens de fortune, la plupart du temps ?

Qu'est-ce donc souvent que le pouvoir et les hommes qui l'exercent, la religion et ceux qui la représentent ? Sacrés ils sont, pour les intéressés et pendant un temps pour la plupart de ceux qu'on a persuadés ! Mais l'histoire est là pour témoigner combien peu on a respecté ces objets que garantissent *temporairement* les conventions sociales.

Il en serait autrement d'ailleurs que le *statu quo* perpétuel deviendrait le principe fondamental de toute société : ce qui est en dehors de toute vérité historique.

En outre des intérêts, des institutions créées pour leur sauvegarde, il y a les idées proprement dites, impartiales, dégagées de toutes préoccupations sociales et qui sont l'apanage du plus petit nombre, mais n'ayant, à la vérité, qu'une action très limitée sur la masse elle-même, sur le peuple qui cependant gouverne ou du moins paraît gouverner.

Peut-être semble-t-il excessif à quelques-uns de dénier au peuple ces qualités de l'ordre intellectuel qui ne sont pas, on l'accordera, inutiles dans le gouvernement ; il est vrai que ceux-là les lui accordent volontiers quand ils ont à solliciter ses suffrages. Laissons-les avec leur critique : elle n'est pas suffisamment désintéressée pour que nous ayions à nous en préoccuper.

La vérité est que la masse a plutôt des besoins à satisfaire, purement matériels, des intérêts du même ordre à accroître et à sauvegarder ; enfin, des appétits à satisfaire, des passions vives et d'autant plus violentes, plus désordonnées parfois qu'elles sont plus proches de la nature et que l'activité mentale est moins canalisée, se répartit sur un moins grand nombre d'objets.

Tout ce qui est spécialement du peuple étant le fait d'impulsions déréglées ou de raisonnement trop particuliers, il faut s'attendre à une anarchie complète si les dirigeants n'ont pas eux-mêmes assez de force dans le caractère, assez de fixité dans la doctrine, assez d'autorité en un mot, pour réagir quand il le faut, sans violence, et surtout pour donner aux esprits l'orientation voulue.

A ce point de vue, la situation à notre époque se trouve être particulièrement difficile.

Jadis le nombre limité des connaissances sur lesquelles avait à se porter l'activité intellectuelle des individus, permettait de résumer les idées en cours dans un certain nombre de croyances morales, politiques et religieuses mises à la portée de tous : il en résultait une certaine quiétude de l'esprit, laquelle n'est plus de notre temps. Les connaissances humaines se sont, en effet, accumulées pendant ce siècle ; les institutions, d'autre part, ont subi de tels changements, leur support extra-humain, — celui d'autrefois, — nous apparaît maintenant tellement démodé,

tellement impossible dans une société comme la nôtre,
que nos idées d'hommes se trouvent en perpétuel conflit
avec celles qui nous viennent de notre éducation première et qui sont presque toujours les plus vivaces, les
plus profondément intégrantes à notre nature. Et cette
cause de trouble n'est pas la seule !

Fussions-nous entièrement débarrassés de nos préjugés
antérieurs, ne nous reste-t-il pas à dégager les inconnues
nouvelles de ce problème complexe, scientifique et social à
la fois, et dont la solution s'impose maintenant avec plus de
force que jamais.

Alors que nos croyances d'autrefois s'affaiblissent et dis-
paraissent de jour en jour, alors que le positivisme et la
tendance aux réalités s'emparent de nous avec une évidence
toujours plus grande ; il importe, ce nous semble, de nous
rapprocher de la réalité quant à la connaissance en elle-
même. Par là, nous pourrons imprimer à nos esprits une
direction plus conforme aux vérités nouvelles et par suite
nous éviter de nombreux mécomptes, nous débarrasser
d'incertitudes énervantes, funestes.

Une institution particulièrement contribue plus que toutes
autres à faire obstacle à l'évolution moderne et à mettre
les classes dites dirigeantes dans un état d'infériorité bien
marqué, en présence même d'une situation révolutionnaire :
c'est l'institution catholique.

Par son action politique multiple, par les influences les
plus variées, par des sollicitations incessantes aux préoccupations matérielles, elle a su les maintenir à tel point dans
sa dépendance, qu'elles ne sauraient maintenant échapper à
sa tutelle ; car il leur faudrait pour cela une franchise, une
énergie morales dont elles sont par état absolument incapables. Et ce sera par elle que leur viendra le danger qu'elles
peuvent avoir à redouter et dont elles pressentent l'approche.
N'est-il pas évident que si, profitant de l'incertitude, de la
lassitude actuelles, elles arrivaient, grâce à l'Église, leur
courtier d'influences et d'élections, à une apparence de

majorité, ce serait la révolution immédiate ayant, cela va
sans dire, pour spectateurs favorables les pouvoirs républi-
cains. Étant donnés les procédés catholiques, toute autre
conduite de ces pouvoirs serait la marque d'une naïveté,
d'une faiblesse impardonnables : c'est à cela que doivent
songer ceux qui s'intitulent conservateurs, comme aussi
ceux qui, abusés, tendraient à en faire un parti de majorité.

C'est pour ces raisons surtout que j'ai voulu dans ces
lignes aborder la question catholique au point de vue du
support philosophique et dans un sens tout à fait opposé
à celui de la doctrine spiritualiste.

De là, le titre de ce livre : *l'Anticatholique.*

II

Ce qui importe le plus aujourd'hui en philosophie, c'est de mieux connaître les choses et les phénomènes et non point de se livrer à des spéculations creuses ou vagues qui seront présentées au public avec accompagnement d'artifices oratoires destinés à entraîner son sentiment, non sa conviction.

Comme je l'ai dit dans l'Introduction à cet ouvrage, « nous pouvons constater que les recherches de la physique « moderne ont donné à penser que les phénomènes désignés « sous le nom de calorifiques, lumineux, sonores, électriques, « magnétiques, étaient le résultat de petits mouvements, « simples ou complexes, différents quant à la *forme,* à l'*in-* « *tensité,* aux particules qui en sont le siège. »

Or, l'homme vit tout entier au milieu de ces phénomènes dont il subit l'incessante influence, sans qu'il soupçonne *a priori* qu'ils sont de nature mécanique ; son organisme lui-même est le siège de phénomènes analogues, complexes innombrables et qui constituent toute sa vie.

Avant que l'état de conscience proprement dit, basé plus particulièrement sur la conservation des impressions cérébrales et les réactions propres aux multiples foyers cérébraux intéressés dans le phénomène mental, subordonné également au développement des cellules motrices, avant dis-je, que l'état de conscience n'apparaisse dans sa plénitude individuelle, les phénomènes sensationnels de réaction directe et de réaction interne se sont accumulés et ont constitué comme un écheveau tellement embrouillé, un tout tellement complexe, qu'il devient très difficile de faire l'analyse des circonstances ayant accompagné chacun de ces phéno- mènes élémentaires, dont la somme, formée d'infiniment petits, constitue la vie cérébrale même.

Les mots qui en sont l'expression dans le langage, les associations de mots qui suffisent à caractériser les idées elles-mêmes, tout cela est le fruit d'activités élémentaires, répandues non seulement dans le cerveau mais dans tout l'organisme, et qui se dépensent, sourdent en des points innombrables, circulent sous forme de courants, s'associent, s'influencent de multiple façon, se manifestent au dehors enfin par des signes plus ou moins apparents.

Le seul philosophe spiritualiste, qui, je crois, ait attaché une certaine importance aux perceptions *insensibles,* c'est- à-dire à celles dont on n'a pas conscience, et qui ait fait en- trevoir nettement leur rôle dans la constitution de la Percep- tion sensible ou *intégrale partielle,* Leibniz, est celui qui les a certainement le mieux caractérisées. Et cela se con- çoit, si l'on se reporte aux principes du calcul différentiel dont on retrouve l'empreinte dans sa métaphysique plus spéciale- ment et dans sa monadologie en particulier.

Depuis, les spiritualistes se sont bien gardés de le suivre sur ce terrain ! Ils n'avaient pas, tout d'abord, ces connais- sances mathématiques qui étaient les siennes et qui devaient, pour lui, éclairer certaines questions par une sorte de reflet intérieur ; ils n'avaient pas non plus, pouvant leur venir en aide toutes ces données multiples qui nous sont maintenant acquises par les découvertes réalisées dans les sciences phy- siques et naturelles, par les plus récentes surtout.

Leur méthode devait se ressentir de ce défaut de lumiè- res: elle ne pouvait être suffisamment analytique dans le sens, du moins, que nous pouvons attacher à l'analyse phi- losophique, telle qu'elle résulte des méthodes et des données actuelles.

Et cependant, tout en nous écartant, nous ne saurions faire autrement que rendre l'hommage qui leur est dû, aux grands philosophes de cette école. Par leur méthode d'observation même, ils ont été conduits à nous donner de ces analyses de nous-mêmes, de nos passions, de nos aspirations, de nos faiblesses enfin, qui sont des chefs-d'œuvre de l'analyse la plus fine et la plus délicate du cœur humain et de la raison humaine. Et nous aimons à vivre avec eux, parce qu'ils sont nos meilleurs confidents et qu'ils sont nous-mêmes, mais ils ne sauraient nous suffire, et ils sont, pour nous, une cause d'infériorité dans la société nouvelle, si nous voulons remonter à la source même des réalités, et par là trouver les fondements d'une foi nouvelle, d'une certitude qui nous fait aujourd'hui totalement défaut.

C'est d'ailleurs, au point de vue de l'ordre social, chose désastreuse, révolutionnaire, que passer en cette vie, n'ayant d'autre principe que celui de l'individualisme *absolu*, d'autre règle de conduite que la satisfaction de ses appétits basée sur le dédain de ses semblables, le mépris systématique de l'humanité.

Telle est cependant cette maladie morale qui sévit sur ces classes que leur culture intellectuelle, les enseignements de l'histoire devraient mettre en garde contre de semblables entraînements.

Est-ce à leur isolement, à la prépondérance exercée par la démocratie qu'il faut attribuer cet état d'esprit qui est le leur ?

C'est je crois, fort possible, mais c'est aussi surtout à l'absence d'une foi quelconque, au défaut de ressort moral, qu'il faut attribuer cette déchéance qui est la leur. Ce n'est pas, en effet, dans de certaines pratiques, dont on est aujourd'hui coutumier, qu'il convient de faire consister la foi : cette dernière n'a rien de commun avec de simples habitudes, de simples actes de *convenance*.

Mais, dira l'Eglise, vous me donnez raison ! C'est la Religion, c'est la foi qui manquent aux sociétés modernes, c'est leur absence qui est la cause de toutes leurs inquiétudes !

C'est peut-être bien exact, mais aussi pourquoi votre doc-

trine est-elle aussi peu efficace? Ne serait-ce pas plutôt
qu'elle pèche par la base, et qu'au point de vue de la connaissance, son substratum ne s'adapte plus avec celui qui tend
à se dégager des lumières modernes.

En outre des résistances, parfaitement conscientes, à l'adop-
tion de croyances qui ne résistent plus suffisamment à l'examen et qui n'ont plus maintenant les mêmes moyens de s'imposer, il y a les résistances inconscientes qui ne sont peut-
être pas les moins fortes ; il y a aussi cette considération capitale : que l'Eglise a totalement perdu ce caractère spécial et
divin qui jadis faisait sa force et qui aujourd'hui passerait
pour être d'une convention trop fantaisiste.

Pour ces raisons, pour d'autres encore, elle ne saurait, chez
nous du moins, résister au progrès des lumières, finalement
échapper à sa destinée fatale ; elle est en effet trop en dehors
de cette réalité qui nous tient, qui nous tiendra toujours davantage, pour que son existence même ne finisse pas par
froisser un jour la raison de ceux qui sont encore le mieux
prévenus en sa faveur.

A notre époque de crise et de transition, il n'est pas inutile de bien établir les positions respectives de chacun. C'est
le but que je me suis proposé dans les lignes qui suivent.

Quant aux conceptions nouvelles relatives à la vie, à la perception, à la conscience, elles feront, dans le second volume de
cet ouvrage, l'objet d'une étude complète basée sur les données de l'atomisme moderne. Les substances et la matière,
simple apparence de *substances en mouvement,* le
mouvement lui-même, l'Energie seront également, dans ce
second volume, l'objet d'un examen approfondi ; mais auparavant, je veux dans cette première partie examiner et plus
spécialement au point de vue de la critique, certaines questions que je considère comme les préliminaires de mon sujet.

III

A la base du spiritualisme, il y a la conception suivante : l'homme possédant un corps et une âme.

Le corps est ce que l'on voit, ce que l'on peut toucher, ce qui, en un mot, est palpable et tombe sous les sens.

L'âme, c'est une sorte de Gygès, muni de son anneau, acteur invisible faisant jouer les ressorts de cette machine qu'on appelle le corps. On l'a désignée par un mot, très vague en soi et qui, par sa signification générale, exprime quelque chose d'absolument insaisissable, indéfinissable comme réalité, et par là même se prête à toute fantaisie.

C'est enfin ce que les spiritualistes désignent encore sous le nom de principe de la vie et de l'intelligence, et ce mot de principe est assurément ce qu'il y a de plus précis dans la langue, ce dont le sens est le plus nettement spécifié, à moins que le contraire ne soit également vrai.

Ensuite de l'homme, on trouve le monde extérieur, l'analogue du corps, avec Dieu, l'analogue de l'âme.

La matière par elle-même est inerte, et c'est Dieu qui la mène, c'est lui-même qui l'a créée. L'analogie est complète ! C'est un menuisier qui a fait cette table sur laquelle j'écris : c'est Dieu qui a fait le monde. C'est un homme qui pousse cette voiture ; c'est Dieu encore qui mène le monde.

L'homme ne sait rien d'abord, absolument rien, sur ce qu'il est, ce qui le fait agir. Il y a d'abord ce qu'il ne voit pas !

Ce qu'il ne voit pas, il en fait une réalité au même titre

que le corps, et cette réalité, tantôt est d'une nature différente de celle du corps, de la matière er général; elle est qualifiée, en conséquence, d'immatérielle; tantôt ce n'est qu'une forme particulière de la réalité matérielle, quelquefois une sorte de fantôme. C'est, en ce sens, que certains philosophes ont pu considérer l'âme comme étant une matière éthérée, subtile, quelque chose enfin comme de l'air. Qu'était-ce? sinon des âmes errantes, ces feux follets, ces flambards de certaines campagnes!

A cela rien d'étonnant! La conception dualiste de la matière et de l'esprit ou de l'immatériel repose tout entière sur la connaissance incomplète que nous avons des rapports du monde extérieur avec nous-mêmes. Il y a dans la nature des corps *visibles* et des corps *invisibles;* on encadre les premiers dans une idée générale, celle de matière; quant aux derniers, dont la physique contemporaine a révélé le rôle capital, on devait être tenté naturellement de rapporter leurs effets à un acteur invisible, à un esprit enfin!

Dans la doctrine spiritualiste, dont ces conceptions originelles sont le fondement même, il suffira donc pour faire un homme de prendre une âme et de l'envelopper d'un corps; de même que pour faire un canon, on prend... un trou et on met du bronze autour.

La chose en soi n'apparaît point difficile, mais elle a toujours été la spécialité d'un dieu, et les dieux d'autrefois firent bien voir à Prométhée qu'il ne faut jamais empiéter sur leurs attributions.

Au fond de cette doctrine, de cette manière de concevoir les choses, que retrouve-t-on? sinon l'influence sur l'homme primitif et sur l'enfant des réalités visibles et tangibles plus particulièrement, celles avec lesquelles ils sont le plus souvent en rapport!

Ce qui fait aujourd'hui la supériorité intellectuelle de l'homme civilisé, c'est d'abord le labeur des générations qui l'ont précédé et qui lui ont conservé le dépôt de leurs idées;

c'est ensuite l'expérience toujours plus grande des hommes et des choses, la possession enfin d'une langue plus riche et plus précise. Mais aux débuts de l'humanité, combien était grande la différence dans les conditions intellectuelles.

Le genre de vie, la préoccupation naturelle des besoins matériels n'étaient pas, on le conçoit, des conditions précisément favorables au développement de l'ordinaire intellectuel. Les idées d'ailleurs ne sauraient se multiplier, se généraliser, le jugement ne saurait se développer sans cette représentation toute spéciale qui est dans les mots et dans les signes.

Or, dans le principe, le vocabulaire humain est des plus bornés et les *impressions cérébrales* sont plus particulièrement des *impressions directes*, venant du dehors; les mots servent alors à désigner, à caractériser des choses, des objets, des actes. Tout est matériel dans l'entendement, tout a une forme.

Les impressions indirectes, venant de réactions cérébrales réciproques, sont loin d'avoir alors l'importance qu'elles ont dans l'homme fait et dans l'homme d'aujourd'hui, et d'ailleurs le cerveau a certainement évolué, lui aussi, au point de vue physiologique, comme il évolue dès l'enfance : les cellules, par exemple, proliférant comme on sait et s'organisant de façon variable, suivant les influences qu'elles subissent et du dehors et du dedans.

Étant donné le peu d'acquisitions de l'homme d'autrefois, le caractère spécial de son entendement, son peu de pratique du jugement, l'irrégularité enfin des associations d'idées, d'images, c'est-à-dire des réactions cérébrales internes, il est à croire que l'énergie cérébrale moins *canalisée,* moins *diffusée,* devait se manifester par des actes impulsifs beaucoup plus intensifs que ceux qui sont habituels à l'homme d'aujourd'hui, par les imaginations, les hallucinations les plus étranges.

De là, des manifestations bizarres de l'activité mentale, de l'*éréthisme* cérébral : l'adoration des fétiches, par exemple. Ne voyait-on pas, même au siècle dernier, des nègres adorer, les uns une pierre, un arbre; les autres, un fagot, une tuile entourée de paille. N'a-t-on pas vu enfin, il y a quelque dix ans de cela, certaines variétés de blancs égaler, comme abrutissement intellectuel, les sauvages les plus réussis. La vue d'une relique, d'une vieille guenille, d'un détritus quelconque, d'un os, venant de la Vierge, d'un saint, le premier venu, suffisait à les mettre en délire, comme les Napolitains la liquéfaction du sang de saint Janvier.

N'y a-t-il pas là, en vérité, quelque chose d'analogue à ces phénomènes qu'on peut produire par voie hypnotique et dont l'intensité, parfois considérable, est certainement due à une localisation, par le moyen de paralysie partielle, de toute l'énergie qui afflue en temps ordinaire au cerveau et qui lui vient du sang?

Dans un état de civilisation plus avancé que celui des sauvages fétichistes, on imagina des dieux de chair et d'os, querelleurs, susceptibles, vicieux au possible, ne dédaignant nullement les plaisirs de la table, et après dîner, les jolies femmes.

Quand alors la foudre sillonnait la nue, c'était Jupiter qui la mettait en mouvement; quand les vents se déchaînaient, c'était Éole qui leur lâchait la bride; quand la mer entrait en fureur, c'était Neptune qui soulevait les flots.

L'explication de toutes choses était de cette façon rendue fort simple; elle se trouvait à la portée de tout le monde : aussi tout le monde était païen.

Aujourd'hui l'explication a été rendue plus simple, si c'est possible, mais assurément moins pittoresque.

Philosophes et théologiens ont admis l'existence d'un *dieu* créateur et organisateur, distinct de la substance elle-même; en un mot, il existe, suivant eux, un principe matériel passif : la matière, les corps inertes, incapables de se mouvoir *par eux-mêmes;* un principe immatériel actif, cause du mouvement, des phénomènes, source de la vie.

Mais, comme je l'ai dit autre part, l'évolution continuant,

on arrive à trouver dans les *substances* la raison d'être de tous les phénomènes, et le but de la science est de rechercher par quelles voies ceux-ci dérivent des phénomènes élémentaires du mouvement (1).

Car il faut, aujourd'hui, établir catégoriquement une distinction indispensable entre la matière et les substances : la matière composée de systèmes de *substances en mouvement,* celles-ci dépourvues de cette propriété caractéristique des corps : l'étendue. C'est là une chose moins difficile que l'on ne pense, grâce aux données scientifiques modernes.

La conception des choses est donc variable avec la complexion organique de l'homme d'abord, avec son état social, avec le développement du langage, l'évolution et les réactions d'idées, mais surtout dans l'état actuel, avec la connaissance des véritables rapports de l'homme avec le monde extérieur, de ces phénomènes dont le siège est dans les infiniment petits, dans les invisibles en mouvement.

Le spiritualisme, pour sa part, est une forme de la conception adéquate à un certain ensemble de connaissances; il ne saurait être rien de plus et correspondre *nécessairement* à la réalité. Aussi serait-ce naïveté et faiblesse d'esprit que s'arrêter aux arguments des spiritualistes, arguments qui s'adressent trop souvent au sentiment, lorsqu'il s'agit de doctrines qui ne sont pas les leurs.

---

(1). Le second volume comprendra l'exposition du principe de perception d'après les données modernes relatives aux mécanismes et à l'énergie propre des substances, des monades.

IV

Ma façon d'exposer les principes fondamentaux du spiritualisme peut paraître à certains, et particulièrement aux spiritualistes, sujette à caution. J'en suis d'autant plus assuré que le spiritualisme compliqué d'idéalisme est un véritable Protée, aux formes éminemment changeantes et multiples et que sa philosophie est plutôt œuvre d'art que de science, ondoyante et diverse.

Par principe, le plus souvent, il s'attache à jeter sur les choses qui sont de la nature de l'homme, comme une sorte de voile léger, vaporeux, qui est celui des illusions, ou bien à répandre sur ces mêmes choses cette ombre qui leur est parfois favorable, plus qu'il ne convient, et leur donne cet aspect que le marchand voleur sait donner à sa marchandise avariée, falsifiée.

Cette méthode peut se justifier par de certaines raisons que je n'ai pas à examiner pour le moment ; mais est-il bien raisonnable de penser qu'elle se pourra longtemps conserver et produire les effets qu'on en attend, dans les conditions actuelles ? Il faudrait pour cela renouveler les exploits de l'Église et de l'ancien régime contre ceux qui ne pensent point de la même façon que ceux qui sont réputés penser comme il convient. Et encore !

Mais, comme je ne saurais ici examiner la question sous toutes ses faces, on voudra bien me permettre de ne pas envisager *pour l'instant* ce côté des doctrines que l'on qualifie de moral.

Pour en revenir à l'idéalisme en particulier, nous pensons qu'il doit être considéré à deux points de vue, comme la géométrie ou plutôt la mécanique de nos idées quand les substratums cérébraux ou systèmes cellulaires sont arrivés au terme de leur évolution et fonctionnent dans la plénitude de leur développement; considéré enfin comme la science de l'embryogénie de ces mêmes idées, corrélative de celle de la matière cérébrale.

Ces idées ne sont autres, en somme, que le fruit de toutes nos *impressions*, de ces rapports innombrables que nous avons avec les choses du dehors, la résultante au sens mathématique du mot de l'action incessante du monde extérieur sur les différents territoires du monde cérébral, la résultante enfin des réactions réciproques des multiples foyers cérébraux.

Il est des corps qui se meuvent en dehors de nous : les uns visibles, les autres invisibles, infiniment petits; leur mouvement, celui de ces derniers surtout, se transmet par impulsion directe aux corpuscules infiniment petits qui forment la matière nerveuse. Or, ces corpuscules ont eux-mêmes une activité propre qui résulte de l'assimilation organique, du cours et des propriétés du sang, du degré de chaleur des tissus, des réactions chimiques continuelles qui s'y produisent. Ils sont en communication les uns avec les autres, et par là même naissent les perturbations dans les mouvements primitifs, perturbations conduisant aux formes de mouvement les plus variées, quoique ces formes, dans le principe, puissent n'être pas très nombreuses.

Ceux qui possèdent quelques notions de mécanique comprendront aisément quelle peut être cette complexité, alors qu'il ne s'agit que de trois ou quatre corps s'attirant, par exemple, en vertu de la loi du carré des distances. Or, ce n'est certainement pas trois ou quatre corpuscules seulement qui s'influencent *mécaniquement* par suite des impulsions *intermédiaires* qui les mettent en rapport dans le cerveau et les circuits nerveux, mais bien un nombre très considérable, immense.

De là, nécessairement, une variété infinie de *formes troublées,* des mouvements primitifs ; de là aussi cette variété infinie des idées qui ne sont autre chose que l'intégrale, la somme, l'ensemble de ces infiniment petits *éléments dynamiques* dans un groupe déterminé de corpuscules nerveux et qui, pris tous ensemble, sont nous-même.

Et ce n'est pas tout ! Il convient aussi d'envisager la cellule comme douée de la propriété de se reproduire, de proliférer comme l'individu et comme astreinte aux lois de l'hérédité et de la sélection, au moins dans le même sujet.

Avons-nous de prime abord connaissance de ce phénomène qui, jusqu'à un certain âge, se produit en nous de façon très marquée et peut-être, dans de moindres proportions, jusqu'à l'heure dernière de la débâcle finale ? Non. Nous ne pouvons alors nous contenter évidemment de la méthode spiritualiste de l'observation interne, conséquence naturelle de la dualité de principes admise par l'École.

N'ayant à leur disposition que ce qu'ils appellent l'œil de la conscience, les spiritualistes font nécessairement fausse route et sont condamnés à ne voir qu'une des faces du problème de la connaissance, la plus infime quant à la solution.

Ils ne voient que les dehors, les formes tout extérieures du phénomène *spirituel ;* ils n'en peuvent avec leur méthode pénétrer le mécanisme, dont ils paraissent, par état d'ailleurs, n'avoir pas la moindre conscience.

Le temps est-il venu de changer cette méthode et de procéder de toute autre façon ? Oui, et on le peut affirmer catégoriquement.

Les découvertes physiologiques relatives à la nature et aux fonctions des tissus ; en physique, la théorie mécanique de la chaleur ; plus particulièrement en chimie, la théorie atomistique, permettent de contempler d'abord les choses et les phénomènes dans une vue d'ensemble, nécessaire au philosophe, et aussi de suivre de plus près, d'analyser de façon plus délicate, ce dont auparavant l'on ne faisait que constater la forme, l'extérieur, l'enveloppe, pour ainsi dire,

Dans de semblables conditions, la méthode spiritualiste n'est plus acceptable, elle n'est même plus *excusable*.

Il s'est produit pour la philosophie les mêmes changements que dans le domaine de la physique : ces deux transformations sont, d'ailleurs, corrélatives.

Jadis on ne s'occupait nullement des petits mouvements qui sont la caractéristique vraie, à la base de ces phénomènes dont on ne peut percevoir que l'ensemble ou encore l'effet immédiat, sans pouvoir, dès l'abord, pénétrer dans leur détail ni constater leur *origine mécanique*.

Les phénomènes tels que nous les percevons, lumineux, calorifiques, par exemple, ne sont, en effet — qu'on me passe la comparaison — que des intégrales multiples de phénomènes élémentaires dont nous ne connaissons ni l'enchaînement, ni le mode de succession. Or, de même qu'une intégrale donnée ne signifie rien pour un mathématicien, s'il ne connaît la loi de succession des infiniment petits dont elle se compose, de même un phénomène n'est véritablement bien déterminé que si on connaît les phénomènes élémentaires et infiniment petits dont il est la somme, la résultante si l'on veut.

C'est dans ces conditions que j'ai pu écrire, dans une précédente publication, que les questions dites philosophiques ne doivent être qu'une interprétation venant à la suite de méthodes scientifiques nouvelles, ou de recherches portant sur des faits bien déterminés desquels se dégage une conception à la fois plus analytique et synthétique des choses.

C'est en partant de ce principe que je me refusais toute digression sur un terrain autre que le terrain purement scientifique.

Si j'ai changé d'opinion à cet égard, c'est surtout parce qu'il m'a paru que l'école spiritualiste actuelle, avec sa méthode, dont l'esprit est absolument rebelle à l'analyse scientifique, possédait de trop nombreux points de contact avec cet état social — contre lequel nous luttons en France, — avec ses modes, ses idées reçues et son organisation surtout.

Il est à remarquer, en effet, que c'est sur cette école que s'appuie le vieux parti autoritaire et monarchique, qualifié chez nous de conservateur, lorsque les arguments tirés de l'arsenal inépuisable de la politique ne lui suffisant pas, il invoque ceux de l'ordre philosophique.

L'Eglise catholique elle-même, vaste machine politique, n'a point d'autre doctrine que la spiritualiste accommodée à tous les goûts et mâtinée d'assez d'antropomorphisme, de fétichisme même, pour agréer à la masse ignorante, inculte.

Mais la doctrine spiritualiste a fait son temps, comme les institutions à l'établissement, à la conservation desquelles elle a contribué.

Il apparaît trop, d'ailleurs, que son principe fondamental soit de conserver avec soin et d'augmenter, au besoin, l'illusion dont elle enveloppe les choses *divines et humaines*. Précieux résultat qui permet à quelques-uns d'évoluer le plus facilement du monde et d'exploiter plus aisément ceux d'en bas, grâce à la mise en circulation de certains principes sociaux et de gouvernement. Car ce que l'on ne saurait trop mettre en relief, c'est ce fait que, dans la pratique ordinaire de la vie, on pense, on agit comme par suggestion dans dans l'état hypnotique et que l'éducation consiste précisément à suggérer à l'enfant d'abord, plus tard à l'homme fait, les idées qui sont les plus favorables à l'ordre social que l'on a en vue, ou plutôt à la catégorie de la société dont on fait partie.

A la vérité, on ne comprend guère qu'il en puisse être autrement, si l'on songe à l'incapacité intellectuelle où se trouve le peuple et aux facilités qu'il y a de l'exciter et de lui faire croire tout ce qu'on veut, quand on se propose de s'en servir?

« Le peuple ! disait Danton, un tas de foutues bêtes « qui applaudiront quand ils me verront aller à l'échafaud « et qui sont bien capables aussi de crier : Vive la liberté ! »

La masse est ignorante, il est vrai, elle a besoin qu'on la guide comme l'enfant; mais il ne faut pas non plus qu'on abuse de sa faiblesse. D'elle aussi on peut dire : *Maxima debetur reverentia,* et c'est ce qu'on oublie trop souvent dans certaines classes et particulièrement dans celles des parvenus enrichis qui pensent, par cette omission, peut-être se donner un vernis qu'ils n'ont pas, s'attribuer une supériorité qu'ils sont loin d'avoir.

Ne voir dans de certaines circonstances et dans le peuple que de la canaille, et le vouloir traiter en conséquence, c'est parfois d'ailleurs un indice qu'on en est une soi-même, quand on n'est pas simplement un imbécile.

Et c'est précisément pour obvier à cet état d'esprit, à ces tendances déplorables, qu'il convient de voir les choses telles qu'elles sont, en dehors de cette illusion préméditée, voulue, qu'entretiennent soigneusement les dirigeants.

Des mœurs nouvelles, celles qui commencent à se dessiner et qui sont plus particulièrement de l'école socialiste, une lutte plus âpre pour la vie, une concurrence plus active qui modifient profondément les idées premières, les idées reçues, l'influence croissante de la presse et de l'information, une littérature nouvelle, peut-être, amèneront cette transformation, cette révolution, maintenant inévitables, dans la manière d'envisager les choses.

Quoi qu'on en puisse penser, quelques regrets, académiques d'ailleurs, que cela puisse causer à quelques-uns, leur appréciation, au point de vue de la réalité stricte, entrera de plus en plus dans les habitudes de ceux qui viendront après nous, et ce sera justice.

On s'accommodera à des mœurs différentes des nôtres ; voilà tout et nous n'y trouvons à redire actuellement que parce que ces changements nous gênent. Ce n'est pas une raison suffisante pour qu'ils ne se produisent pas.

Mais il faut, pour y arriver sûrement, reprendre les choses par la base même : à savoir par la connaissance des réalités naturelles et sociales.

V

Quand on possède, par son instruction, par son éducation premières, une doctrine telle que la spiritualiste, on s'y tient avec conviction ou bien on la considère comme un pis aller, comme une façon d'expliquer les choses qui en vaut une autre.

Bonne ou mauvaise, on l'accepte comme on accepte une mode, un usage : il n'y a rien de plus, souvent, dans les motifs par lesquels on se détermine.

Et dans les conditions actuelles, ces motifs sont du même ordre que ceux des physiciens, lorsqu'en parlant des phénomènes électriques ils conservent les expressions de fluide positif ou négatif, alors qu'ils savent très bien que cette façon de s'exprimer n'est pas conforme à la réalité.

Admettre un fluide positif et un fluide négatif constitue pour eux un mode d'explication auquel il se tiennent par la seule considération de la commodité.

Il en est de même de l'explication spiritualiste de ce qu'on appelle « les choses divines et humaines » de la nature en général.

Toutefois, il importe, si l'on veut être juste dans l'appréciation de la doctrine, de tenir compte de l'état des connaissances et de ne pas juger des explications antérieures, comme si les connaissances humaines étaient depuis longtemps arrivées au point où elles se trouvent actuellement.

Ce n'est pas, en effet, indépendamment de l'époque, que l'on peut tirer ces conclusions qui nous apparaissent actuel-

lement légitimes et je serai des premiers à reconnaître que
ceux qui nous ont précédés ont été sages, ont suivi la méthode naturelle, en fournissant à la masse, comme à la
minorité des gens instruits, des principes qui leur mettaient
dans l'esprit, la confiance, la sécurité nécessaires au développement régulier des idées et de la civilisation, à l'évolution humaine, en un mot.

L'antagonisme entre les deux écoles, l'ancienne et la
nouvelle, a porté tout d'abord sur la question de Création
et d'Evolution.

Les spiritualistes admettent la création des êtres *animés*
ou *inanimés* par un Auteur, pur esprit, distinct du monde
matériel que nous connaissons et pourtant le contenant *en
quelque sorte* et le remplissant tout entier.

Les évolutionnistes ne voient, au contraire, dans les
espèces actuelles, que le résultat des transformations lentes
successives d'espèces antérieures de plus en plus rudimen-
taires à mesure qu'on remonte dans le lointain des âges.

Ils font, en s'appuyant sur de certaines données, de leur
doctrine une question de foi, je l'accorde, mais pas au même
titre que les spiritualistes ou les gens de religion. Elle leur
sert, en effet, de principe dirigeant dans leurs recherches,
dans leurs investigations relatives aux choses de la nature :
les observations restent et, par le fait de l'intervention d'une
doctrine, se trouvent naturellement groupées, classées par
ses partisans eux-mêmes. La discussion devient ainsi plus
facile et le principe de l'évolution profite ou non de ce clas-
sement, de ces rapprochements de faits et d'explications.

Dans l'esprit du savant, d'ailleurs, l'hypothèse, quelle
qu'elle soit, tant qu'elle n'a pas pour base le *mécanisme*,
au sens le plus strict, avec toute sa précision mathématique,
ne saurait être qu'un instrument de recherches que ses suc-
cesseurs rejetteront peut-être comme vieux, usé, démodé.
Dans ces conditions, il ne saurait en faire un article de foi
aveugle, destiné à figurer dans un *Credo* quelconque.

Il y a là une nuance que quelques-uns sauront aisément

distinguer. L'inconvénient qu'il y a d'adopter, de façon absolue, certains principes *a priori* apparaît d'ailleurs dans l'emploi des arguments spiritualistes contre la synthèse de la cellule.

De bons esprits admettent qu'on pourra un jour faire une cellule de toutes pièces avec les seuls éléments chimiques dont elle se compose. Comme cette synthèse porterait une atteinte considérable à leurs idées relatives à la Création, les spiritualistes profitant, abusant même de ce fait que l'hypothèse n'a pas encore été vérifiée, affirment catégoriquement qu'elle est irréalisable, ou bien se contentent généreusement d'accorder qu'ils seront convaincus le jour seulement où le chimiste, le physiologiste prépareront, dans leur laboratoire, une cellule analogue à celles que l'on rencontre dans les tissus végétaux ou animaux, et susceptible comme elles de proliférer, de se développer, de vivre enfin d'une sorte de vie propre. S'il n'y avait, dans cette concession, une arrière-pensée très évidente, on concevrait aisément cette réserve : mais, comme au delà il y a la croyance avérée à la création de toutes pièces des espèces actuelles et une négation presque absolue du principe de l'évolution, on peut dire qu'en ce cas l'article de foi devient antiscientifique et, comme tel, ne mérite pas qu'on s'y arrête.

De ce que nos éléments de connaissances, quant à une question, ne sont pas assez nombreux pour permettre actuellement, par exemple, la synthèse d'une cellule, faut-il en conclure que celle-ci ne sera jamais réalisée ?

Une telle affirmation serait absurde !

Liebig, par exemple, n'affirmait-il pas autrefois avec toute l'autorité qui s'attachait à son nom, que les principes organiques exclusivement retirés de son temps, des tissus végétaux et animaux, ne sauraient être formés de toutes pièces à l'aide de leurs éléments.

Les nombreuses synthèses, depuis réalisées, n'eussent pas vu le jour qu'on en serait peut-être encore aujourd'hui à partager l'opinion erronnée de ce chimiste, par cette seule raison qu'elle était d'un spécialiste et aussi qu'elle était éminemment favorable à la paresse scientifique. Est-il nécessaire d'aller plus loin quand un maître de la science a déclaré que c'était chose inutile ?

Pour que ces synthèses pussent se produire, il a fallu que l'on connût exactement la composition des corps dont on se proposait la formation par des procédés de laboratoire ; il fallait que l'on connût ce qu'on appelle leurs fonctions chimiques, par les réactions diverses qui se manifestent en présence d'autres corps ; que l'on eût rassemblé enfin tous les éléments d'une préparation synthétique.

Peut-on dire que nous soyons aussi avancés quant à la chimie des matières albuminoïdes ? Assurément non ! Les chimistes savent pour quelles raisons.

Nous ne saurions donc réaliser, *actuellement* au moins, la synthèse des cellules ou éléments de tissus, formées précisément de ces mêmes matières.

Est-ce là un motif suffisant pour affirmer qu'on n'y parviendra jamais ? L'affirmation alors, vaudrait celle de Liebig : elle vaudrait la plupart de ces affirmations, *a priori* presque toujours, et qui sont d'un usage si commode dans les discussions destinées à rompre un peu la monotonie des choses humaines, surtout lorsque ces discussions dégénèrent en querelles !

C'est même là ce qui la justifie, car si une affirmation gratuite n'aboutissait nécessairement à échauffer les esprits, activer le cours du sang, de façon peut-être à tuer les microbes, causes de maladie, on ne la saurait comprendre et le sage la considérerait simplement comme un signe de présomption, d'étroitesse d'esprit : ce qui arrive quelquefois !

Toutefois, en ce cas extrême, il convient encore d'être indulgent par la considération des causes qui font émettre de ces jugements précipités et sans appels à d'excellents esprits et des plus éminents. Les tentations perfides de la situation, de l'autorité personnelles, la confiance habituelle que l'on possède en ses conclusions, un peu de vanité, quelquefois beaucoup, tout cela porte invinciblement à errer. Qui de nous n'en est là ?

Et d'ailleurs, il y a autre chose, et de plus important certes, qui contribue à nous arrêter dans une appréciation trop stricte et trop rigoureuse des articles de foi pour lesquels nous manifestons naturellement une tendance à laquelle nous avons peine à nous soustraire. Ne subissons-nous pas *inconsciemment* et *fatalement* l'influence d'idées antérieures, simplement reçues, nullement discutées le plus souvent et qui sourdent en un instant, sans qu'on puisse savoir d'où elles viennent.

L'homme se persuade qu'il agit *librement* et cela dans le sens qu'on attache ordinairement au mot de liberté, de libre arbitre. Il ne voit pas, naturellement, toutes ces activités obscures, pour ainsi dire, qui entrent en jeu jusqu'au moment de la détermination, et ces *influences mécaniques* ou *physiologiques,* si l'on veut, il les supprime, n'en ayant pas une connaissance immédiate, par un sens tel que celui de la vue ou du toucher.

Il n'en est pas toujours de même pour celui qui observe un sujet, que nous choisirons pour la circonstance dans un état pathologique spécial, ne laissant aucun doute sur sa passivité quant aux idées et aux choses de la volonté. Ce sujet a-t-il conscience, comme on dit, de l'état où il se trouve et qui apparaît aux yeux d'un observateur ? Pense-t-il que réellement il n'est pas libre, qu'il est purement passif ? Assurément non, parce qu'il ignore *absolument* les véritables causes des phénomènes de l'ordre mental qui se produisent en lui ; parce qu'il ne les voit pas, ne les sent pas telles qu'elles sont ; qu'il ne connaît pas enfin le mécanisme par lequel se produisent les réactions cérébrales.

L'individu auquel on a suggéré d'accomplir un acte déterminé dans des circonstances qui lui ont été précisées, aura-t-il conscience que cette suggestion à laquelle il a été soumis ne lui permet pas de se déterminer en sens contraire ? Pourra-t-il, puisqu'il l'ignore *absolument* dans l'intervalle, admettre, l'acte accompli, qu'il lui aura été inspiré autrement que par les seules circonstances dont il a été le témoin ? Se doutera-t-il de la fatalité à laquelle il est soumis ? En aucune façon.

De nombreuses expériences ont été faites dans cet ordre d'idées et dans le domaine de l'hypnotisme : elles ont quelque peu modifié l'idée que nous avions de la liberté. Elles ne se rapportent peut-être qu'à des phénomènes atteignant le maximum d'intensité, ne subissant pas de ces atténuations, continuelles dans le cours de la vie ; ne subissant pas enfin l'influence, le contrepoids en quelque sorte, de ces suggestions contraires, multiples qui sont le fruit de l'éducation, de l'étude, de l'expérience des hommes et des choses. Mais ces atténuations sont-elles suffisantes ? Les circonstances, le tempérament, le cours du sang, un certain état physiologique enfin, ne peuvent-ils pas contribuer à donner la prépondérance à certaines suggestions, à certaines idées ou impulsions qui, dans un état régulier, normal, n'auraient dans la délibération et la détermination qu'une influence insignifiante, sinon nulle ?

En nous plaçant au seul point de vue sensationnel, combien d'impressions infiniment petites ou même d'une intensité notable restent sans être perçues d'une façon distincte, parce qu'elles sont noyées pour ainsi dire dans une ou plusieurs autres simultanées et d'intensité plus grande ! Ces impressions restent-elles absolument sans influence sur l'individu, par ce fait qu'elles ne sont pas perçues ? Cela est peu probable : un phénomène mécanique déterminant toujours un effet et même une série illimitée d'effets successifs.

Il peut donc exister et il existe certainement des causes physiques ou, mieux encore, mécaniques, lesquelles interviennent dans nos déterminations, influent sur nos idées sans que nous en ayons la moindre conscience ; de sorte que nous sommes naturellement portés, avec l'idée fausse que nous nous faisons de la liberté, du libre arbitre, à conclure en faveur de l'existence d'un Esprit automoteur,

Et d'ailleurs ne nous a-t-on point, dès l'enfance, familia-
risés avec cette idée par le moyen de la mythologie païenne
et catholique, et par cette conception qui nous vient de
l'enseignement, d'un Esprit considéré comme une RÉALITÉ
différente de la matière, de ce qu'on entend *vulgairement*
par la substance et qui est à la base de ce que nous appelons les corps.

Il n'est pas étonnant alors que nous soyons fort peu disposés à adopter une conception tout autre, alors même
qu'elle s'appuierait sur les données les plus évidentes ! Nous .
n'aimons guère, en effet, à changer notre ordinaire intellectuel, lorsque ce changement surtout doit nous mettre en
dehors de la façon de penser et de s'exprimer habituelle
aux milieux dans lesquels nous vivons. La variété, le nombre
de nos occupations et de nos besoins ne nous en laissent guère
le loisir d'ailleurs ; et puis il est si commode de se contenter
des opinions reçues !

Une autre raison, la plus importante peut-être, s'oppose
encore à ce qu'on adopte facilement l'idée d'un mécanisme
universel, applicable aux choses dites de l'esprit, aussi bien
qu'à celles du monde extérieur : les questions de mécanique
ne sont pas à la portée de tous, et nombre de philosophes
même les ignorent entièrement ; de plus, dans le cas particulier des choses du cerveau, on arrive, en se plaçant au
point de vue moderne, à concevoir un mécanisme si complexe qu'on recule devant la curiosité qui s'impose alors et
apparaît ne devoir jamais être satisfaite.

Tout ce monde en mouvement et que nous ne voyons pas,
que nous ne pouvons connaître par le toucher comme une
partie des corps du monde extérieur, il est si facile de lui
donner le nom générique d'Esprit et de le concevoir comme
on sait.

On objectera, il est vrai, que l'Esprit ne saurait être
confondu avec la substance cérébrale non plus qu'avec ses
mou uents.

C.. objection, qui se prévaut surtout de notre tendance

au dualisme, n'a plus précisément cette portée que de certains croient devoir lui attribuer.

Si nous admettons deux substances : — l'une appelée matière, l'autre appelée esprit et qualifiée en conséquence d'immatérielle, — cela tient à une conception *superficielle* de la matière, par suite de l'ignorance où sont la plupart, de l'existence des corps *invisibles,* des infiniment petits que seule la science peut révéler à notre connaissance. Les phénomènes par lesquels ils se manifestent et dont nous ne connaissons ni l'origine, ni le mode de succession, rentrent alors naturellement dans le domaine de l'immatériel, non point tant, peut-être, comme phénomènes du monde extérieur que comme phénomènes du monde cérébral.

Un corps lumineux, par exemple, est le siège de mouvements qui se communiquent de proche en proche jusqu'à notre œil par l'intermédiaire du milieu ambiant; mais ces mouvements, nous ne savons pas *a priori* qu'ils existent ; ils appartiennent à la catégorie des infiniment petits, et la nature mécanique du phénomène nous échappe entièrement. D'autres mouvements résultent de ceux-là, dans certaines portions de l'appareil cérébral; des modifications d'état se produisent et nous éprouvons une sensation que nous qualifions de lumineuse et qui n'est évidemment qu'un effet. Mais cet effet, n'apparaissant pas sous sa forme vraie, la forme mécanique, comprenant une substance et un mouvement, rentre pour nous dans l'ordre *immatériel* ou *spirituel.*

Il n'en serait plus de même, si nous voyions les phénomènes tels qu'ils sont, s'il n'y avait pas, en un mot, d'infiniment petits, de corps invisibles, autant à cause de leurs faibles dimensions qu'à cause de la rapidité de leurs mouvements. Si nous pouvions alors les percevoir comme nous faisons actuellement et, aussitôt après, les voir avec leur forme mécanique, nous saurions nous familiariser avec le mécanisme et nous n'éprouverions aucune difficulté à les concevoir en dehors de l'intervention d'une substance immatérielle : comme purement mécaniques.

Dans cet ordre d'idées, l'activité spirituelle n'est autre chose que le produit de la réaction du monde extérieur sur le monde cérébral et des multiples *organismes* de ce dernier, les uns sur les autres. Ce rapport varie naturellement, suivant les individus, suivant leur complexion, leur organisation particulière et surtout le milieu où ils vivent, les influences auxquelles ils sont soumis et qui ne sont pas évidemment les mêmes pour tous. Il en résulte que deux individus ne sauraient être identiques au point de vue des choses de l'esprit, sentir et penser en tout de la même façon.

Telle est, à notre avis, la première étape de conception qui doit nous permettre d'arriver à une autre plus avancée.

C'est qu'en effet la notion, que la plupart ont de la matière, n'apparaît pas être très exacte, au point de vue philosophique du moins.

La matière et les corps se font connaître à nous par les phénomènes dont ils sont le siège; par les invisibles mouvements de leurs *systèmes d'éléments,* mouvements d'ensemble et mouvement de rotation; mais l'étendue qui les caractérise, la forme qui est la leur ne sont que des *accidents* résultant du mouvement. Ce dernier, au lieu de se traduire par une translation de points matériels, se traduirait par une rotation seulement du point sur lui-même, que ce que nous appelons matière et corps n'aurait plus de dimensions et se réduirait aux substances elles-mêmes, aux monades, dont l'énergie en dedans ou potentielle est à la base de la *Perception* par les changements qu'elle est susceptible d'éprouver à la suite des influences physiques ou de contact (1).

Je n'en dis pas d'avantage, ces sortes de questions étant développées dans le second volume.

Mais s'il en est ainsi, et si l'on doit envisager les choses

(1) Voir mon mémoire au Congrès d'Oran. — Association française sur l'avancement des sciences, sur un point de la théorie du mouvement atomique. (Sect. de mathématiques.)

à ce point de vue, que deviennent ces idées sur l'éducation, sur la morale et qui, pour nous, doivent maintenir l'homme dans un juste milieu, déterminé par ses besoins propres et ceux de la société ? En matières de doctrines, on trouvera toujours de bons esprits qui se refuseront à laisser pénétrer dans les masses des idées qui leur apparaîtront comme subversives, quoique justes, parce qu'elles vont, ce leur semble du moins, à l'encontre d'un intérêt social.

Mais ces bons esprits précisément sont rares : j'entends par là ceux qui sont sincères et, de plus, susceptibles de quelque reflexion et d'une discussion sérieuse. Ceux-là pourront, de très bonne foi, ne pas admettre que les idées relatives à la morale, et surtout à la généralité des cas de morale pratique, sont simplement jetés dans le cerveau comme autant de suggestions, comme autant de sources d'énergie par suite des modifications physiologiques et en dernier lieu *mécaniques* qui résultent des influences extérieures sur le monde cérébral.

Les *types mécaniques* de l'énergie se conservent, s'entretiennent comme font les individus eux-mêmes, mais aussi par suite des relations multiples et réciproques des éléments de la substance nerveuse, des types intermédiaires apparaissent dans l'intervalle des centres d'influence par suite des idées *dérivées* des premières.

Divers centres d'influences directes ou indirectes, par rapport à leur origine vis-à-vis du monde extérieur, divers centres, dis-je, peuvent être en activité dans des conditions déterminées, pendant ce qu'on appelle la délibération ; des phénomènes physiologiques et mécaniques se passent en dedans de nous-mêmes sans que nous en puissions être les témoins, sans que nous puissions les voir sous leur forme vraie.

Quoi d'étonnant, alors, à ce que nous nous fassions illusions, quant aux conditions dans lesquelles se produit le résultat final, à savoir notre résolution ?

Que les hommes envisagent les choses de cette façon ou

d'une autre, ils n'en seront ni pires ni meilleurs. On donne à l'enfant ses idées, on les renforce par les procédés les plus divers, on lui fait son éducation, en un mot, sans se proposer de lui faire envisager les choses au point de vue philosophique, ce dont il serait parfaitement incapable d'ailleurs ! Ces idées qu'on lui donne, il les subit; elles font corps avec lui-même et leur influence sera d'autant plus profonde, d'autant plus heureuse qu'elles seront plus conformes à la vérité, à l'équité et qu'elles ne recevront pas de l'expérience des hommes et des choses des atteintes trop fortes, et que les procédés surtout par lesquels on les a fait prendre ne seront pas trop artificiels.

J'ai dit plus haut que le rapport existant entre les choses du monde extérieur et celles du monde cérébral dépendait essentiellement d'un facteur variable, qui est l'homme lui-même.

Tout d'abord sa sensibilité n'est pas absolue et j'entends par là qu'il ne saurait sentir toutes les impressions ou phénomènes mécaniques dans le même instant. Il y a en effet de ces impressions qui sont de l'ordre des infiniment petits et n'affectent pas, à proprement parler, sa sensibilité ; d'autre part, il ne saurait les percevoir toutes *simultanément* lorsqu'elles l'influencent de façon notable. Certaines dominent en nombre très limité et dans l'instant ; quant aux autres, considérées par rapport à la perception, elles sont comme si elles n'existaient pas. S'il en était autrement, d'ailleurs, le travail physiologique de désassimilation de la substance nerveuse deviendrait trop considérable et, à en juger par les effets des corps provenant de cette désassimilation, la fatigue et le sommeil s'ensuivraient beaucoup plus tôt que dans les conditions ordinaires.

En outre de ces conditions spéciales de perception, variables évidemment suivant l'éducation de l'individu, ses besoins, son genre de vie, il en est d'autres qui tiennent à l'impressionnabilité plus ou moins grande de la matière cérébrale. L'équivalent sensationnel n'est pas le même, en un mot, pour les différents individus, *de même que le rende-ment par unité de masse pour les divers mécanismes.*

La cellule, en effet, présente quelque analogie avec la plaque sensible de l'appareil photographique et le travail physiologique, avec le travail de décomposition chimique par la lumière. Il faut, on le sait, pour obtenir rapidement une épreuve, faire usage de ce qu'on appelle des substances accélératrices sans lesquelles la lumière agit lentement, sur le sel d'argent et des substances révélatrices qui utilisent *l'énergie lumineuse* emmaganisée, très faible cependant, pour *éveiller* celle plus considérable qui dort en elles, et faire apparaître l'image sur la plaque de verre sensible.

Ces substances sont plus ou moins actives, quant aux dernières, plus ou moins *spongieuses*, en quelque sorte, par rapport à l'énergie lumineuse, quant aux premières. Et c'est cette variété d'énergie emmagasinée par le gélatino-bromure, par exemple, énergie *instable* comme celle des corps fluorescents ou phosphorescents, qui est à l'origine de la mise en liberté de celle contenue dans les substances révélatrices; elle est l'analogue enfin de ces ferments, de ces ouvriers de l'infiniment petit qui attaquent les corps fermentescibles et font brèche à l'obstacle qui s'oppose à l'écoulement, à la mise en œuvre de l'énergie qui est en eux.

Le plus ou moins dans les degrés de sensibilité réside dans l'utilisation plus ou moins grande de ce que les substances accélératrices reçoivent du dehors pour faire travailler les substances révélatrices : il dépend, en un mot, du *coefficient de rendement* spécial aux divers organismes.

Il en est de même chez les individus et c'est ce qui, jusqu'à un certain point, peut servir à l'explication du daltonisme.

Celui qui en est atteint ne voit que deux couleurs dans le spectre solaire, tandis qu'une vision normale permet d'en distinguer sept, rangées dans l'ordre suivant :

Violet, indigo, bleu, vert, jaune, orangé, rouge. Celui

qui est atteint de daltonisme complet appelle ordinairement
jaune la *région* qui va du rouge au vert, gris le bleu verdâtre
et bleu tout ce qui reste du spectre. Pour lui le rouge faible
reste invisible ; il confond le rouge avec le brun et le vert
et ne sait point distinguer le jaune d'or du jaune, ni le rose
du bleu.

En admettant la relativité de nos sensations et en considérant chacune de ces dernières comme le résultat d'un rapport défini on arrive à concevoir deux sensations de même
ordre, comme différentes lorsque les deux rapports diffèrent
au moins d'une quantité déterminée qui est *l'unité de sensation.*

C'est ce que l'on peut exprimer par la relation

$$\frac{B}{A} = C$$

ou A représente l'intensité du phénomène extérieur *d'ordre
mécanique* lequel a pour *support*, pour acteur en quelque
sorte les infiniment petits en mouvement qui les caractérisent. L'autre terme B représente le phénomène intérieur
avec son *support* de substance nerveuse, la cellule par
exemple, celle-ci ayant son activité propre, son énergie spéciale qu'elle reçoit de la chaleur du sang et d'une assimilation continuelle, destinée à réparer les pertes quelle peut
faire. Ce phénomène dont je parle se traduit, on le sait, par
un travail physiologique, chimique, mesuré, en quelque
sorte, par la désassimilation et pouvant être *plus ou moins
accusé* suivant la sensibilité du protoplasma. Les variations
de C, à savoir du rapport sensationnel, seront elles-mêmes
plus ou moins grandes et il pourra se faire que des variations
notables de A n'amènent, chez certains, que des variations
de C assez insignifiantes pour qu'elles soient négligeables,
dans l'ordre *psychique* aussi bien que dans l'ordre arithmé-
tique.

C'est ce qui arrive dans le daltonisme ! Pour des variations de A, qui déterminent des variations assez marquées
de C chez les individus possédant une vue normale, il n'y

aura pas de variations appréciables de ce même rapport chez les daltoniens. Il faudra, pour eux, l'étendue de spectre occupée par trois couleurs ou *notes lumineuses* pour déterminer une sensation qui se distingue d'une autre, ou bien encore un intervalle assez considérable dans le nombre des vibrations de l'éther pour qu'ils puissent saisir des différences dans la gamme lumineuse.

En plus de cette variabilité dans la perception, au point de vue purement sensationnel des phénomènes du monde extérieur, il importe de considérer ce fait que le phénomène auquel aboutit le processus extérieur, intérieur même, n'est pas nécessairement identique comme *mode de mouvement*, comme *intensité* aux phénomènes promoteurs. Ceux-ci déterminent simplement des distributions spéciales de l'énergie dans le cerveau ; en ce point, elle n'est pas la même qu'en cet autre ; non seulement elle diffère quant à l'intensité, mais encore quant au mode par lequel elle s'emmagasine, puis se manifeste au dehors.

Les impressions qui nous viennent du monde extérieur ne sont donc pas à proprement parler des reproductions, des copies des objets qui nous entourent. En un mot, les phénomènes antérieurs à la sensation ne sont pas superposables aux phénomènes terminaux, lorsqu'on les envisage, les uns et les autres au seul point de vue mécanique.

Si donc nous jugeons *a priori* et d'après nos sensations immédiates, notre jugement est erroné : il peut exprimer ce que *nous sentons,* mais c'est tout, et la réalité des choses reste complètement en dehors de notre entendement tant que la science ne nous a pas fourni de données suffisantes et que les questions ne sont pas envisagées spécialement au point de vue du mouvement et de la mécanique. Tous les hommes, sans exception, se trouvent placés, par conséquent, dans des conditions très défavorables s'ils se proposent d'arriver à une connaissance exacte des réalités, à la découverte de l'inconnu des choses de leur entendement. Il convient toutefois de ne point s'en préoccuper ; ce souci n'étant donné qu'à quelques-uns, et les autres se contentant d'exprimer à leur façon ce qu'ils sentent et de dépenser au dehors leur éréthisme cérébral variable, réaction aveugle, fatale des choses du dedans.

Ce travail considérable, cette continuelle sélection des idées, ces comparaisons, ces rapprochements incessants des données scientifiques, combien peuvent s'y astreindre ? Combien de réalités complexes dans cette chose énorme qui s'appelle le monde et qui nous déborde, nous assaille de toutes parts ?

Aussi apparaît-il beaucoup plus naturel à la grande majorité de sentir purement et simplement et de se laisser vivre en donnant un libre cours à ces impulsions intérieures qui se traduisent par les passions et les travers dont tout homme est amplement pourvu par dame nature. L'éducation, en éveillant d'autres impulsions, peut seule, lorsque le tempérament s'y prête, modérer l'expression de ces passions et de ces travers ; elle ne saurait les détruire..

Mais quelle peut bien être alors la satisfaction de ceux qui entendent les choses autrement que le vulgaire et l'ensemble des hommes, et qui s'adonnent à une analyse de tout ce qui leur est donné d'atteindre, aussi complète qu'il est possible ? Subissant eux-mêmes une impulsion, la fatalité qui est dans leur nature, ils ont cette satisfaction que donne le développement régulier de leur activité, dans le domaine qu'ils se sont choisi, car c'est une nécessité de se dépenser de quelque façon que ce soit, puisqu'en somme c'est là vivre. D'autre part, ils doivent à l'emploi d'une méthode suffisamment analytique la possession légitime d'un certain scepticisme qui fait pour eux de la vie humaine, la comédie humaine et leur donne assez d'empire sur eux-mêmes pour se désintéresser de ces misérables compétitions qu'ils voient se produire autour d'eux ou bien assez de moyens si leur tempérament les prédispose à l'action, pour imposer leur volonté.

Mais l'homme n'est sage dans la véritable acception du

mot et il n'acquiert cette tranquillité d'esprit en laquelle on peut faire consister le véritable bonheur qu'autant qu'il sait se rendre compte, en outre de l'origine des idées et de la nature de l'esprit, de l'influence du milieu sur le caractère, la façon de penser et d'apprécier les choses, de l'influence des passions, des intérêts qui font prévaloir dans l'ordre social et politique telles doctrines plutôt que telles autres ; de ces causes plus modestes enfin qui entretiennent ces erreurs courantes de l'esprit, dont M. Bain, pour sa part, a donné une si excellente analyse.

Mais par cela même qu'il est sage, l'homme doit-il se tenir absolument en dehors de ce courant tumultueux qui emporte l'espèce humaine à travers de multiples écueils ? Oui, s'il est de sa nature contemplatif et n'a point assez de ressort pour se faire lui-même sa part d'action ! Il est pour lui prudent et d'un intérêt, bien entendu, de rester à l'écart ; mais il est homme incomplet, et si les événements, malgré tout, l'atteignent, il n'est aucunement à plaindre. La passivité n'est nullement dans le rôle de l'homme : celui-ci doit être lui-même, et non point une épave.

Car il convient de se persuader que si beaucoup de philosophie explique bien des choses et forme le caractère, que si même nous aboutissons à la doctrine du pur mécanisme universel, les sentiments humains n'en subsistent pas moins et conservent toute leur force, qu'ils nous viennent de la nature ou bien de la civilisation, de l'éducation surtout ! Ils sont réglés par les rapports d'homme à homme, par la nécessité d'une harmonie relative, par l'intérêt bien entendu, et, ultérieurement, déguisent leur roture sous des titres de noblesse lesquels, après un temps, font oublier leur origine banale, mais enfin ils existent.

Et c'est précisément parce que nous pensons qu'il faut leur donner plus de force que la philosophie doit se placer en face de la réalité, afin de montrer à l'homme d'aujourd'hui qu'il n'y a d'efficace, pour le conduire au bonheur, que la pratique de ces mêmes sentiments qui se résument

dans la bienveillance, dans les affections privées, dans l'équité;
pour lui montrer enfin que tout le reste n'est que duperie :
la religion, par exemple.

Je sais quels arguments on peut invoquer à l'appui de
cette dernière : je n'ai pas à m'en occuper pour l'instant, et
je constate simplement que la religion a contre elle, *actuellement*, cet argument décisif qu'elle sert de *prétexte* à
une institution dont l'influence est particulièrement excessive : l'Eglise catholique. C'est en effet ce rôle prépondé-
rant qu'elle joue encore ou bien aspire à reprendre dans les
affaires publiques qui fait qu'elle doit disparaître d'une société telle que la nôtre, niveleuse par excellence et en quête
d'un équilibre des forces sociales, impossible avec une association politique et religieuse dont les appétits de pouvoir,
de domination, sont toujours en éveil, sans qu'il y ait entre
elle et nous aucune aspiration commune, aucun point de
contact par la doctrine.

Aujourd'hui, d'ailleurs, qu'on apprécie les choses à leur
plus juste valeur, par la pratique des hommes et des idées,
on n'envisage plus guère la religion que comme un moyen,
ou bien comme un ensemble de coutumes et d'usages dont
on hésite à se débarrasser par ce fait qu'ils font partie de
nous-mêmes, et aussi par les mêmes raisons qui font qu'on
hésite à se présenter à une soirée en veston au lieu de l'habit
traditionnel.

Les idées qui s'échangent continuellement et qui dérivent
assez l'activité des individus pour l'empêcher de se porter
autant que jadis sur l'objet religieux, l'accroissement de
l'activité sociale, l'amélioration incessante de la condition
des individus ; tout cela contribue à modifier l'ancien état
de choses, et l'Église, malgré ses moyens d'influence, son
action persévérante et multiple ne saurait plus faire remonter
aux masses le courant qui les entraîne loin d'elle.

Elle peut tout au plus se mettre au service de certaines
classes de la société, de certains partis politiques pour leur
faciliter l'accès à la fortune ou au pouvoir. C'est à cela que

se borne d'ailleurs son rôle actuel, mais c'est aussi par cela même que les partis qui font alliance avec elle se condamnent : quelques espérances dont ils se puissent bercer, quelques fautes dont ils pensent bénéficier, ceux qui sont désignés sous le nom de conservateurs ne sauraient s'abuser à ce point qu'ils comptent reprendre le pouvoir. Derrière eux, en effet, se trouverait l'Église catholique, le cléricalisme en un mot : ce serait déchaîner une révolution, et puisqu'ils n'ont jamais su, jamais pu d'ailleurs se débarrasser de cet allié, qui est l'ennemi pour la société moderne, mieux vaut pour eux que jamais leurs chances ne deviennent pas trop grandes. On ne refait pas à rebours une évolution comme celle qui se poursuit en France depuis une centaine d'années, et ceux qui la tenteraient risqueraient fort cette fois d'être exterminés, ce qui serait encore le moyen de réaliser la paix sociale !

Les principes et l'institution catholiques sont maintenant trop en contradiction avec la stricte réalité, qu'elle soit d'ordre scientifique ou d'ordre humain et purement social, pour qu'il soit possible de les conserver longtemps encore.

VI

Afin de bien établir l'état de la question au point de vue social et au point de vue de la doctrine, nous aurons à considérer d'abord ce qu'il y a de changeant et d'éminemment variable dans les choses qui sont purement et simplement de l'homme et le degré, l'opportunité du respect qu'il convient de leur marquer ; nous aurons à considérer enfin s'il convient, dans l'état actuel des esprits et des connaissances de notre organisation sociale et de nos besoins, d'attacher à certaines croyances, à certains usages, à certaines institutions même, une influence qui n'a peut-être plus sa raison d'être.

Chaque époque, en effet, a ses idées qui lui sont propres, adéquates en quelque sorte, et cela tient à ce que les points de vue changent continuellement, à ce que les perspectives se redressent, à ce que les hommes de siècle en siècle voient et sentent les choses qui les enveloppent de façon différente, et qu'enfin la langue, la littérature par leur incessante évolution deviennent plus riches, plus précises et plus analytiques, servent à fixer, à caractériser un nombre d'idées toujours plus considérable.

Nos sensations, et je prends ici le mot dans son acception la plus étendue, nos sensations ne dépendent-elles pas, pour le nombre d'abord, de l'époque à laquelle nous vivons, du milieu qui nous entoure et des réactions propres à notre tempérament ou, si l'on veut, aux éléments de notre nature physiologique ; pour la forme ensuite, et pour leurs qualités subjectives, de la façon dont nous sentons les choses, dont nous les groupons et analysons? Ne dépendent-elles pas encore de notre expérience personnelle et de la somme des connaissances acquises à la science expérimentale, des interprétations, enfin, qui s'en dégagent?

Mais la grande majorité reste surtout soumise à l'influence des doctrines sociales et religieuses qu'elle reçoit de l'éducation et des rapports avec ses milieux les plus habituels. C'est de ces doctrines qu'on a mis le plus de soin à la pénétrer ; c'est autour d'elles qu'on a fait graviter pour ainsi dire toute la personnalité intellectuelle et morale ! Et ces empreintes, ces acquisitions constituent, par leurs éléments, autant de centres d'énergie cérébrale plus ou moins permanents, d'intensité plus ou moins grande, de modalité et d'influence réciproque variables ! Est-il possible d'admettre que cet *ensemble dynamique* n'entraîne pas tout le reste dans son évolution, au moins dans la généralité des cas?

Comme je l'ai déjà dit, pour bien préciser ma pensée, les *choses dites de l'esprit* ne sont autres que le *résultat* de rapports variables entre l'homme et le milieu ambiant et de réactions réciproques entre les éléments dynamiques affectés ou non encore affectés par le dehors, dans le monde cérébral ou plutôt celui de la substance nerveuse en général.

C'est à bien préciser cet ordre d'idées que devra, ce me semble, s'attacher la philosophie de l'avenir ; actuellement on ne peut faire que signaler cette façon d'envisager les choses, dont le principal avantage est d'abord, de donner une forme simple à la doctrine du mécanisme, de nous conduire enfin à plus de libéralisme dans l'esprit par rapport à ceux qui ne pensent pas comme nous ; ce qui n'est pas toujours facile !

La masse, avec son horizon intellectuel assez borné, n'en saurait être là de sitôt ! Les occupations multiples de la vie, les besoins, les soucis, la tendance à vivre, à jouir, enfin, ne permettent point aux individus l'acquisition de connaissances générales suffisamment étendues et ultérieurement l'emploi d'une méthode analytique sérieuse, l'impartialité dans les jugements qu'ils ont à porter sur les choses de l'ordinaire intellectuel. Mais on s'en rend compte et cela suffit pour nous porter à l'indulgence, à moins pourtant que le cas ne soit excessif.

. . . .

Considérons un instant les choses relatives au seul vêtement !

Combien de changements depuis le jour où notre mère Eve, la charmante Eve, créait la mode, après que le Père Eternel eût, lui, simplement créé le monde.

Adorablement et savamment coquette quand elle s'habillait d'une feuille, d'une simple feuille, il fallut apparemment que le Dieu de la Bible fût bien philosophe pour ne point se décider à lui faire réintégrer le paradis.

Depuis, combien s'est agrandie la feuille ! combien de formes, savantes et diverses, elle a prises ! Faut-il s'en plaindre ? faut-il s'en louer ? Je ne saurais décider, car ce ne sont point là choses de mon ressort.

Sans m'arrêter aux modes de nos jours que chacun connaît, je rappellerai, pour mémoire et au hasard, les chaussures à la poulaine, excessives parfois au point d'être condamnées, même par des gens d'Eglise ; puis les bouts carrés reproduisant en largeur ce que les autres avaient en longueur ; les bottes avec canons de dentelles ; les souliers à boucles avec talons rouges ou non ; dans l'ordre du vêtement, côté des dames : les cols à fraise, les manches à gigot, les robes à panier, et le reste ; côté des hommes : depuis le costume Adam jusqu'au costume Louis XV avec culotte et bas de soie, perruque poudrée et chapeau que l'on sait.

Où s'en sont-elles allées, toutes ces modes, gracieuses ou disgracieuses ? Où sont les neiges d'antan ?

De même, les usages dont elles étaient les compagnes obligées !

Car tout change, tout se renouvelle autour de nous, à
mesure que tourne la machine ronde : toute chose a son
temps, enfin.

De même la mode religieuse !

Les Egyptiens adoraient Isis et puis un certain nombre de
bêtes, parmi lesquelles le bœuf Apis ; les Juifs adoraient le
Veau d'or — comme aujourd'hui, d'ailleurs — bien avant
le Dieu de Moïse et même retournaient assez souvent, *par
habitude,* à leurs vieilles pratiques, à leurs idoles délaissées ;
ce qui n'était pas sans déplaire beaucoup aux prêtres en possession, lesquels ne manquaient point de faire tomber sur
leurs clients la colère de Jehovah, pour leur apprendre à se
fournir à la maison.

Les Grecs possédaient Vénus, la belle Vénus, l'altière
Junon et d'autres non-moins aimables : nymphes ou déesses ;
c'était ensuite Jupiter, Apollon, Mars, Neptune, tous les im-
mortels enfin, mangeant, buvant, faisant la guerre ou l'amour
pour occuper leurs loisirs olympiens.

Quant aux Romains, plus éclectiques et peut-être aussi
d'imagination moins grande, plus occupés à se dépenser et
à poursuivre la conquête du monde, avant de posséder le
pape dans leurs murs, ils avaient accordé l'hospitalité à tous
les dieux de la terre.

Pour la commodité, le catholicisme — car je ne confonds
nullement catholicisme et christianisme — le catholicisme,
dis-je, a condensé tout cela dans une très sainte Trinité, formée d'un Père, d'un Fils et d'un Saint-Esprit, avec accompagnement d'anges, d'archanges, de séraphins, de saints et
de saintes occupés à perpétuité à chanter les louanges de
Dieu dans le séjour de béatitude pendant que les autres sont
à rôtir dans de grandes chaudières remplies de soufre ; car
où il y a des diables, un enfer et des damnés il y a toujours,
et nécessairement.., du soufre !

Voilà bien des changements ! n'est-il pas vrai ? et certes
j'en passe, car il faut être bref !

N'en surviendra-t-il point d'autres ?

A la vérité, cette seule supposition peut et doit faire pousser des cris d'indignation et se voiler la face à quelques-uns, mais ce ne sont là que manifestations de sentiments destinés à étonner, à convaincre surtout, un public ignorant et crédule. Car je ne suppose pas que les gens intelligents puissent s'étonner ou même se formaliser du changement : il doit, lorsqu'il se produit, les trouver tout préparés. Si d'autres s'indignent sincèrement, ceux-là, dans l'état actuel, sont des imbéciles : il n'y a pas à s'en occuper ! Quant aux premiers, leur état d'esprit est facile à caractériser : c'est celui des augures qui ne peuvent, dans le particulier, se regarder sans rire, mais gardent tout leur sérieux, toute la gravité que comporte leur état, devant le peuple crédule.

Il pourra donc très bien arriver que les idées de demain soient autres que celles d'aujourd'hui et que les catholiques deviennent un jour aussi rares que le sont actuellement les adorateurs de Jupiter. Tout est relatif dans ces choses, dont certains, dans l'intérêt de leur cause, voudraient faire des réalités absolues.

Qui donc pourrait affirmer que la religion catholique n'ira pas, dans un temps plus ou moins éloigné, rejoindre celles qui l'ont précédée, parmi les curiosités archéologiques et historiques, destinée, elle aussi, à occuper les loisirs des sociétés savantes des départements.

Il est des arguments contre cette opinion, et des arguments... catholiques, je le sais ; ils sont même excellents ; mais ceux des païens étaient excellents, aux temps où il y avait encore des païens ! Les catholiques en tiennent-ils le moindre compte ?

En ces sortes de choses, un aimable scepticisme n'est pas hors de propos et le libéralisme consiste à reconnaître qu'il y a de certaines croyances destinées, aux divines époques, à occuper surtout l'imagination des individus, changeantes avec l'âge des sociétés, mais n'ayant aucun rapport avec les choses de stricte réalité.

Que l'on croie à tout ce que l'on voudra, ce n'est pas nous

qui nous en étonnerons et surtout y contredirons jamais, à moins qne ce ne soient choses excessives et déplaisantes, qui dénotent chez l'individu des idées étroites et tyranniques et qui tendent à s'imposer.

Le domaine du sentiment et de la fantaisie est de sa nature illimité : c'est même un des charmes de la vie pour ceux qui ont le loisir d'y errer à leur guise, sans avoir, par situation ou même par tempérament, à se préoccuper trop des nécessités de la vie pratique.

Mais quand ce sentiment porte sur l'objet religieux et qu'il devient dogmatique, s'enferme dans un cadre dont il n'est pas permis de le faire sortir, il perd d'abord de sa saveur, de son originalité première, devient ensuite prétexte à oppression. Car il sert de base alors à des institutions dont les représentants se recrutent, plutôt grâce à des motifs humains et parfaitement intéressés, qu'à des motifs désintéressés et d'ordre purement moral.

En soi, les idées religieuses peuvent très bien convenir aux individus, soit qu'elles s'adoptent à leur tempérament et les rendent heureux, soit qu'ils y trouvent l'explication, la traduction des choses de leur entendement et de l'inconscient qui est au fond de toute nature humaine. Il n'est défendu à personne de chercher consolation et espérance où il lui convient ; mais le danger commence lorsque la pratique de certains sentiments conduit l'individu à s'embrigader et à subir la direction d'une autorité qui en abuse pour la satisfaction de ses passions.

On n'est libéral qu'autant qu'on est soi-même indépendant.

Que certains croient à l'immortalité de l'âme ! c'est leur affaire, mais qu'ils soient de grâce assez tolérants pour admettre, sans amertume, l'absence de cette croyance chez les autres. Le malheur est que l'article de foi n'entraîne guère avec lui la tolérance, à cause de ses rapports avec les influences sociales d'abord, et aussi par ce fait que le croyant voit dans son objet quelque chose d'une réalité absolue, alors qu'il n'y faut voir que quelque chose de très relatif, une des milles formes possibles de l'activité mentale.

Le croyant reste persuadé que son idée peut être reportée sur l'objet *déterminé* qu'il se représente : c'est, en mot, *un voyant*. N'admettre pas ce *qu'il voit*, c'est, pour lui, soutenir en plein midi, en plein soleil qu'il fait nuit, qu'il n'y a pas de soleil ; c'est soutenir encore, dans une salle remplie d'une nombreuse assemblée, que cette salle est vide : C'est, par conséquent, chose absurde, et les épithètes les moins flatteuses ne sauraient être ménagées pour qualifier la folie de son contradicteur.

Car, il y a de ces visionnaires dont l'état mental est plus ou moins accusé, comme il y en a d'autres qui, devenus complètement fous, voient réellement, et dans l'état de veille, des choses imaginaires, entendent des sons qui n'existent que pour eux et en l'absence de tout corps sonore.

Ces sensations, sans objet actuel, proviennent uniquement de leur éréthisme cérébral, combiné avec les impressions antérieures ; ces dernières, correspondant à autant de modifications de l'énergie cellulaire, qu'elles renferment d'impressions élémentaires.

Cette énergie conservée se dépense alors, *comme spontanément,* en quelque sorte, ainsi que l'eau d'un réservoir, le phénomène mécanique final masquant entièrement le phénomène initial d'excitation, lequel est toujours d'intensité minime.

Il résulte, de cette *mise en liberté,* des courants qui parfois se mêlent dans le désordre le plus complet, éveillent l'activité de centres divers et produisent ces incohérences que l'on retrouve dans l'hallucination.

Mais ce n'est pas seulement au point de vue de l'idée religieuse et des doctrines explicatives s'y rattachant qu'il faut se placer ; ce qui nous importe le plus, assurément, c'est le rapport que la religion et ses accessoires peuvent avoir avec la société actuelle, telle que l'on faite l'évolution historique, la Révolution surtout et le développement de l'activité sociale.

VII

Pour bien comprendre en quoi les choses d'aujourd'hui diffèrent des choses d'autrefois, il convient de dégager la caractéristique de cette Révolution mémorable qui s'est opérée à la fin du siècle dernier et à propos de laquelle Goëthe a pu dire avec juste raison : « C'est une ère nouvelle qui commence. »

Ce qui ressort surtout de l'œuvre révolutionnaire, c'est une extension plus grande, à tout le corps social, du principe d'individualité et de libre développement, et la création d'un certain état de choses destiné à en assurer l'exercice, autant que cela est possible, en présence des passions sociales.

Assurément, dans le cours de ce siècle, l'application de ce principe n'a pas été sans souffrir, dans la pratique ordinaire et dans la pratique politique, de nombreuses exceptions.

Plus d'une fois, ceux qu'on appelle les conservateurs ont tenté de ces retours offensifs couronnés de succès, faisant prévaloir dans l'ordre social le principe autoritaire en même temps que cette influence considérable encore, qui est celle de l'Église, et qui résulte de son organisation toute spéciale.

Faut-il voir simplement, dans ces retours en arrière, l'effet d'un simple groupement d'intérêts cherchant à se défendre, d'appétits politiques cherchant à se satisfaire ? Assurément, il y a bien quelque chose de cela; mais il y a aussi une certaine prédisposition de ceux qui peuvent être appelés à diriger la masse, à la dédaigner, sinon à la mépriser pour son incapacité intellectuelle, et pour la facilité avec laquelle on lui fait subir toutes les suggestions. Et parfois le peuple semble vouloir justifier à plaisir cette prédisposition par les entraînements auxquels il s'abandonne, et par ses impulsions passionnelles dont profitent les habiles !

A la vérité, il en sera toujours ainsi, et souvent encore on le verra se ruant à la servitude et brisant ensuite ses dieux et ses idoles, absolument comme un enfant rageur fait de ses jouets.

Quelquefois, on s'étonne en constatant de ces revirements brusques de ceux qui ont eu en politique, et vis-à-vis de l'homme en général, les illusions généreuses qui sont le propre de la jeunesse ! Hélas ! l'expérience est là, qui souvent modifie de telle sorte les sentiments primitifs, que l'homme d'aujourd'hui a cessé entièrement d'être celui d'hier.

Quelques-uns, dans le parti démocratique, n'ont-ils pas eu de ces découragements amers en le voyant atteint d'hystérie politique, ce peuple que le Romain tenait par le pain et par les jeux du cirque et que l'on tiendra toujours par les appétits, uniquement par les appétits; un pantin enfin, dont il suffit de démêler les ficelles pour le faire mouvoir à sa guise.

Combien n'ont pas eu de ces envies brusques de le voir mener comme on mène les esclaves, à voir le triste usage qu'il fait de sa liberté ?

Mais, en vérité, ce n'est pas d'un homme de se laisser aller à ces découragements, dont on ne sait pas d'ailleurs, le plus souvent, déterminer toutes les causes, et surtout prévoir les conséquences funestes ! En ces sortes de choses, il faut écarter de soi les suggestions du *sentiment,* comme on ferait de la peste, et cela à cause même du peu de résistance morale des individus, à notre époque où les occasions de jouir sont si nombreuses, où la lutte pour l'existence, les occasions diverses de se dépenser, spécialisent la pensée à tel point qu'ils la rendent incapable de fermeté devant le complexe qui se dégage de la société prise dans son ensemble.

Si les individus peuvent jusqu'à un certain point se sou-
cier fort peu des règles supérieures qui dominent le développement des sociétés, et si, se confinant dans leur égoïsme
étroit, doublé d'optimisme, ils s'abandonnent à un individualisme excessif, il n'en saurait être de même de ceux
qu'on appelle des hommes d'État.

Combien ceux-là sont rares maintenant, ou bien parce que
les nouveaux venus ne sauraient, par état ou par caractère,
s'élever autrement que par la *situation* au-dessus de l'ordinaire, ou bien parce que ceux qui auparavant étaient réputés, par avance, comme devant être des dirigeants, n'ont
pas su échapper à ces causes de corruption, de faiblesse qui
sont de l'époque et les mettent au point de ceux qu'ils prétendent diriger; parce qu'enfin ils n'ont point su se débarrasser de certains préjugés, de certaines doctrines qui apparaissent par trop *conventionnelles* aux yeux même de la
masse ignorante.

Dans le domaine moral et dans le domaine politique, il
importe avant tout que les principes et la doctrine concor-
dent avec l'*ensemble* des données intellectuelles et se rapprochent en conséquence, autant qu'il est possible, de la
réalité actuelle, acquise à l'esprit humain. C'est là une
des conditions indispensables de l'ordre.

Rien n'est subversif et révolutionnaire au premier chef,
comme cette constatation que certains principes, que certaines doctrines ne sont plus que des moyens, des procédés,
par cela seul qu'ils apparaissent en opposition avec l'expérience et la réalité stricte, et que d'autre part on en abuse
au point que la masse, quelque ignorante qu'elle soit, finit
par sentir qu'il n'y a plus là que des prétextes.

Or, monarchisme et religion, dans les conditions adoptées
par le catholicisme, sont deux empêchements au développement régulier de notre démocratie française : la monarchie !
si elle essayait à se reconstituer chez nous, et aussi par l'é-
tat de choses dont nous lui sommes redevables; l'Église
par la nature même de ses ambitions, et aussi par son action

persévérante et son unité d'action en face d'une société qui a tout autre chose à faire que chercher à se défendre contre les attaques dont elle est l'objet, à se prémunir contre ces mille filets dans lesquels on cherche à l'enlacer.

Placée en face d'adversaires qui n'attendent rien que du temps et des circonstances, parce qu'ils n'ont d'autre ambition que de recouvrer ce qu'ils ont perdu, de conserver certaines prérogatives, des situations privilégiées toujours attaquées et sur le point de disparaître, la démocratie se trouve, par le fait, dans des conditions d'infériorité bien marquée, d'autant que ses représentants se recrutent le plus souvent dans une certaine catégorie de parvenus dont les moyens intellectuels sont des plus faibles, et dont l'étroitesse d'esprit, les préjugés, sont aussi caractéristiques d'eux-mêmes, que les bosses le sont du chameau.

Mais à qui sommes-nous donc redevables de cet état de choses, sinon à ceux-là mêmes qui affectent le plus de s'en plaindre et dont le discrédit naturel est autrement justifié que celui de la plupart de nos politiciens? Et quel a été le fauteur principal de toutes leurs erreurs politiques? l'Eglise, dont l'élimination chez nous, apparaît être la meilleure des solutions quant à la paix sociale, au retour de l'ordre dans les esprits.

Un système politique, tel que le monarchique, peut à la rigueur se justifier quelles que soient les préventions, les répugnances qu'il peut inspirer à la majorité, car il apparaît simplement comme un *moyen* de gouvernement; mais l'Eglise elle-même, quoique certains puissent prétendre la justifier de la même façon, ne saurait, en vérité, bénéficier des mêmes raisons. C'est qu'en effet, si on la considère, abstraction faite de son rôle politique, on trouve qu'elle repose uniquement sur une base doctrinale qu'il ne lui est pas permis de renouveler et qui n'est plus en rapport avec *la raison* de notre époque.

Telle est la cause principale de l'incrédulité générale et en particulier de ceux qui déplorent le plus fréquemment le déclin des idées religieuses ! L'expérience et les enseignements de l'histoire viennent compléter cet état d'esprit qui n'est pas sans présenter de nombreux inconvénients au point de vue moral.

Quelles que soient les suggestions d'une éducation qui ne peut plus être celle des jours passés, la foi ne saurait aujourd'hui résister à la raison d'abord, et surtout aux influences multiples et contraires qui sont de notre état social. Or, la religion sans la foi n'a pas de raison d'être !

Les rapports plus nombreux entre les individus, la facilité des voyages, les échanges continuels d'idées et surtout le développement de l'activité sociale, telles sont les causes du changement dans les mœurs.

C'est qu'en effet, l'instinct d'imitation n'a plus les mêmes raisons de se conserver par suite d'une continuelle suggestion d'idées et d'usages venant du milieu ambiant, et que d'autre part l'énergie de cette suggestion diminue, par suite de la diffusion de l'énergie cérébrale, résultat de l'accroissement des acquisitions intellectuelles et autres.

D'autre part, l'habitude où sont les hommes de combattre eux-mêmes leur destinée, la concurrence croissante entre les individus et les nations, la lutte pour l'existence enfin, contribuent à émousser considérablement la croyance qui est le fondement même de toute religion, à savoir : la croyance a une vie future.

Par complaisance, par paresse d'esprit, on ne voudra pas reconnaître, je le sais, qu'on ne la partage point; mais l'impression qu'on retire de cet *article de foi* est absolument la même que s'il n'existait pas.

Ce sont toutes ces choses qu'il convient de reconnaître si l'on veut se faire une idée de l'état actuel de la société. Mais allez donc demander à un homme le plus simple bon sens et la moindre sincérité quand il s'attache, avec ses faibles moyens intellectuels, à une coterie politique ou religieuse quelconque : il semble qu'alors il soit frappé de folie.

Quant aux appréciations relatives à l'organisation du pouvoir, simplement politique, les changements n'ont pas été moins accusés, et quelle que fut la forme de gouvernement, ils ont été s'accentuant toujours et d'autant que la moyenne intellectuelle du peuple s'est élevée dans des proportions déjà considérables !

A la vérité, on pourrait espérer mieux, étant donné la diffusion de la presse et le rôle salutaire, éducateur qu'elle pourrait prétendre jouer avec juste raison.

Qui ne comprend qu'avec le genre de vie affairée de nos sociétés modernes, les œuvres suivies et de longue haleine seraient de trop laborieuse digestion pour les cerveaux de la plupart des lecteurs. L'information, le roman, les articles de fantaisie, telles sont les formes qui leur agréent : c'est chose naturelle, et on ne la saurait équitablement critiquer. La presse peut donc être, si elle veut, la meilleure des éducatrices ; mais est-elle réellement ce qu'elle pourrait être ?

Non ! et cela tient au caractère commercial que prennent immanquablement toutes choses, toutes entreprises, même celles qui se rattachent à l'esprit.

C'est ainsi que la presse parisienne rend de jour en jour plus difficile et pour des raisons faciles à comprendre, le rôle, l'existence même de la presse de province. Or, celle-ci pourrait peut-être, si elle était libre, si elle ne s'inféodait, par nécessité, à des coteries diverses, représenter plus fidèlement l'esprit d'une région, et par une connaissance, par une expérience des hommes plus complète, arriver, grâce à une entière sincérité, à une action plus efficace.

Mais, demander pareille chose !..... c'est demander la lune !

Quand des questions politiques, économiques ou autres sont en suspens devant une Chambre, incapable par état de les résoudre, ne serait-il pas du rôle de la presse de les étudier, de les présenter au public de façon à l'éclairer et à faire son éducation politique ? Mais c'est lui demander plus qu'elle ne peut donner ; car, en règle générale, il n'est pas besoin pour être journaliste, d'avoir étudié, d'avoir observé, de savoir quoi que ce soit : la fantaisie suffit, et encore !

Quant à la presse parisienne, — la presse politique évidemment, — elle vit dans un milieu *trop restreint*, trop artificiel, pour avoir l'action à laquelle elle pourrait prétendre sur le public.

Et c'est par rapport à la campagne, un des facteurs importants de la politique intérieure, que ce défaut d'adaptation se faire sentir. Le manque de sincérité, les préoccupations de parti vraiment trop exagérées, contribuent grandement d'ailleurs à cette défiance où le paysan commence à être de ses conseils.

L'action à la campagne se fait sentir aujourd'hui sur place et elle s'exerce particulièrement par les propriétaires terriens, par les syndicats agricoles dont la tendance est à se constituer une clientèle politique, vis-à-vis de laquelle ne sont point épargnées ces suggestions répétées, ces excitations continuelles, d'un effet infaillible sur le paysan, à cause même de son isolement et de son genre de vie tout spécial.

Ce sont de ces choses qu'on semble ignorer et dont l'oubli peut faire courir de graves dangers à nos institutions actuelles, par les surprises parlementaires auxquelles il peut donner lieu.

Des conditions économiques spéciales et très difficiles, des charges considérables, inégalement réparties d'ailleurs et devant s'accroître encore à la suite d'une guerre inévitable, tout cela explique l'inquiétude et le trouble qui sont de notre époque : elles nous laissent aussi à entrevoir une révolution dont on recule toujours l'échéance en temps de paix, dont personne d'ailleurs n'aurait ni le courage ni les moyens, mais dont l'explosion est la chose la plus naturelle dans cette grande crise qu'on appelle la guerre, alors que les secousses éprouvées nous laissent indifférents au plus ou moins dans les changements, dans les bouleversements sociaux.

Et à qui donc la devons-nous cette terrible perspective ? Au régime insensé, abominable de l'Empire ! Oui ! mais aussi et d'abord à l'Eglise qui s'est fait son promoteur et l'agent principal de son avénement !

Qu'on ne l'oublie pas !

Et vous autres conservateurs qui avez été jadis combattus, écrasés, au cri de « guerre au gouvernement des curés », et qui vous inféodez à une institution qui a suffi à tuer la religion elle-même, ne craignez-vous pas de pires aventures ? Qu'ont-ils donc à craindre ces communistes cléricaux, alors que vous-mêmes avez tout à redouter ?

Ils sentent, comme par instinct, qu'il sont incompatibles avec la société moderne et que le jour est proche où le concordat sera dénoncé, les congrégations dispersées. C'est ce moment psychologique qu'ils désirent tous reculer le plus loin qu'ils pourront ; ils se mettront à votre service, ils useront de multiples arguments pour vous persuader qu'il est de votre intérêt de les avoir avec vous et par dessus tout ils vous suggèreront mille imprudences révolutionnaires, dont vous serez, vous aussi, les victimes désignées !

Mais bah ! qu'est-il besoin de prévoir toutes ces choses et de s'en préoccuper le moins du monde ?

La terre n'en tournera avec ni plus ni moins de vitesse et il y restera encore assez d'hommes pour s'entredéchirer plus tard lorsque l'envie leur en prendra !

Autrement, d'ailleurs, la vie deviendrait trop monotone et l'histoire manquerait de cette variété par laquelle précisément elle nous intéresse le plus !

. . . .

Laissant de côté le rôle de l'Eglise au point de vue moral, absolument relatif comme l'est celui de n'importe quelle religion, nous nous placerons au point de vue de cette réalité stricte qui est dans les idées et dans les choses et nous combattrons l'Eglise par cette raison qu'elle n'est plus de notre époque, et que ses principes, acceptés plutôt par *convenance* que par conviction sincère, ne sauraient, dans l'ordre moral, qu'engendrer le plus incurable scepticisme.

Quoi qu'on fasse, quoi qu'on dise, on n'empêchera point que ce soit chose profondément subversive de lui accorder, ainsi qu'à ses pratiques, à ses doctrines, un respect, une déférence qui sont de pure convention et ne reposent nullement sur une croyance personnelle à ces mêmes objets. Ce qu'on voit surtout dans l'Eglise, c'est son rôle politique, social : c'est l'avantage que l'on peut tirer pour soi ou son parti de son intervention.

Combien disent : Il faut au peuple une religion ! Ce sont ceux-là mêmes qui s'en vont, répétant le plus souvent qu'il faut imposer, non pas précisément une morale, mais le respect, l'obéissance à de certaines prescriptions, aux ignorants et aux simples : à la canaille, en un mot.

La méthode catholique est pour eux la meilleure ; pour eux, l'Eglise est un instrument de gouvernement, pas autre chose.

Eh bien ! c'est là précisément qu'est le danger et pour eux-mêmes surtout ! Les fictions de ce genre ne sont plus possibles chez nous, et si on s'obstine à les vouloir perpétuer, on se condamne à l'anarchie, à la révolution, dans un délai plus ou moins court.

Qu'est-il de plus corrupteur, de plus avilissant pour le caractère, d'accorder à de certains principes une adhésion destinée surtout à donner à l'institution catholique une influence quelconque sur la masse , alors qu'en son for intérieur et par rapport à soi, on s'en soucie comme un poisson d'une pomme ! Telle est pourtant la situation d'esprit d'un grand nombre.

Et c'est à cela certainement qu'il faut attribuer ce trouble, ce manque d'équilibre moral qui est en nos sociétés et d'autant plus dangereux pour les dirigeants *que de jour en jour la masse s'aperçoit de cette inconséquence qui est entre le fond de leur pensée et leur pensée apparente.*

L'Eglise, d'ailleurs, par son organisation actuelle, par ses procédés politiques et économiques nouveaux, possède une action trop considérable pour qu'elle ne devienne pas excessive à un moment donné, en admettant qu'un parti quelconque se mette à sa discrétion pour s'en faire un appui. C'est la fatalité qui attend toute influence excessive : elle devient despotique, aboutit à l'état révolutionnaire.

C'est en nous inspirant surtout de cette préoccupation de l'équilibre entre les diverses parties de la société, impossible avec certaines institutions, que nous écarterons toutes fictions quant à l'Eglise, pour envisager les choses telles qu'elles sont, et cela avec toute la franchise nécessaire, aujourd'hui plus que jamais.

Ceux qu'on appelle les politiques et qui se donnent à eux-mêmes un brevet d'habileté, parce qu'ils n'ont ni scrupules. ni principes, pourront se moquer : les idées nouvelles seront plus fortes que leur scepticisme ; elles seront le bélier avec lequel ceux d'en bas saperont, jusqu'à ce qu'elle s'écroule. la forteresse où se réfugient ceux d'en haut.

VIII

Si le ciseau et la navette pouvaient marcher seuls, a dit Aristote, l'esclavage ne serait plus nécessaire.

Il y a en effet, dans l'humanité, deux parts à faire : la part libérale et la part servile, d'autant plus accusées aux débuts de l'humanité que les idées, dites sociales, n'existent pas, pour ainsi dire, qu'alors l'homme est pour l'homme un loup et que ses instincts féroces, ses passions bestiales n'ont nul motif de ne pas se donner un libre cours.

« Le droit du plus fort est toujours le meilleur », tel a été le premier article inscrit dans le code de la justice humaine.

Il y a eu, en conséquence des maîtres, il y a eu des esclaves ! Ça été là un fait, une manière d'être de l'état social.

Or, la répétition d'un fait, sa persistance donnent lieu à une généralisation et à ce qu'on appelle des principes, sociaux ou autres. Une fois qu'il est devenu *habituel* et qu'il a trouvé surtout dans le domaine *mental* sa formule générale, son expression la plus simple, la plus commode, il devient très difficile de réagir contre la situation qu'il consacre, pour ainsi dire, et qui tend à se perpétuer.

Le fait, ainsi que les idées qui s'y rattachent, deviennent habitudes et rien n'est révolutionnaire comme d'essayer de les enlever de la cervelle humaine, ils font partie intégrante de l'individu, le dominent comme certaines de ses passions, et c'est d'un fâcheux de vouloir le soustraire à leur influence.

Il y a mieux ! De même que l'ivrogne se montre d'une complaisance extrème, quand il s'agit de qualifier son cas, et obéit à sa fatalité organique, de même celui qui vit des abus est très indulgent là où tout autre montrerait de la sévérité ; il y voit quelque chose de très naturel, il en profite et, parfois même, à propos de quelques-uns, il arrive à conclure qu'ils sont nécessaires au bon fonctionnement de la société.

Comme chacun possède un certain nombre d'idées générales autour desquelles toutes les autres gravitent, subissant leur influence, occulte en quelque sorte, avec la meilleure volonté, avec une sincérité parfaite, souvent on arrive à conclure de façon excessive, par rapport aux principes d'équité qui doivent être à la base de toutes idées sociales.

De cette tendance d'abord, de l'absence ou de la faiblesse de ces mêmes idées sociales est venu ce qu'on appelle le principe d'autorité : celui-ci, basé sur la prépondérance du plus fort aux époques de lutte sans merci, prépondérance d'ordre purement physique et qui s'est étendue à de certaines qualités de l'ordre intellectuel suppléant à la force brutale.

Il y a sur la terre tant de variétés d'humains, il y a en bas quelquefois des intelligences si mal partagées et partant des appétits si violents, une telle disproportion enfin par rapport à d'autres, que ceux-ci pour garder leurs avantages, pour ne rien changer à leurs habitudes, s'attachent à des principes qu'ils qualifient de conservateurs et auxquels ils veulent attribuer une part d'action aussi grande qu'il est possible.

De là, sont venues des institutions corrélatives : les institutions religieuses particulièrement. Celles-ci, et entre autres la catholique, doivent être considérées en conséquence, et à cause même de l'ancienneté de leur origine, comme la résultante d'un état de choses qui n'est plus nécessairement le nôtre. Pour qu'il en fût autrement, il faudrait que l'autorité fût celle d'autrefois et pût prémunir la masse contre les idées nouvelles : alors, à de certaines doctrines sociales, on pourrait accorder quelque répit, en considération du rôle efficace qu'elles peuvent avoir, bien que reposant elles-mêmes sur des fictions.

Mais peuvent-elles être, ces doctrines, considérées comme indéfiniment applicables dans tous les temps et toutes les circonstances ? Oui ! si leurs partisans ont *intérêt* à se faire répandre cette opinion qui peut faire accepter à la masse, comme *réalités*, des choses qui sont de leur nature tout à fait illusoires. Mais il est bien permis, puisqu'on ne saurait l'empêcher, à ceux qui ne croient pas ce que les premiers croient ou affectent de croire, de chercher à détourner le vulgaire de ces opinions qu'ils tendent à lui faire partager. Si alors, les doctrines religieuses ou autres, les méthodes sont en désaccord avec les doctrines, avec les méthodes qui résultent de l'étude des strictes réalités, de la poursuite de l'*inconnu réel,* qui dérivent enfin de l'évolution sociale, il est peu raisonnable de prétendre les conserver quand même. Par là, ceux qui y ont intérêt se trouvent, vis-à-vis de la société nouvelle qui progresse incessamment, dans des conditions d'infériorité très marquée : ne vaudrait-il pas mieux pour eux se débarrasser de certains principes, sans action maintenant, parce qu'ils ne se justifient plus suffisamment et qu'on *voit trop* qu'ils servent de *prétexte* à une action purement politique. Ils ne le feront pas ; car ce ne sont pas les raisons qui décident les hommes, mais les événements.

Enlacés par de multiples habitudes, ils perdent toute initiative, toute énergie et ne savent point se soustraire à leur influence, parce qu'en général ces habitudes se tiennent plus ou moins les unes et les autres, et parce qu'il leur semble que toucher aux unes, c'est toucher à toutes ; par paresse d'esprit et par faiblesse de volonté, ils s'en garderont bien : c'est ainsi que se conservent des institutions qui provoquent les révolutions.

Il fut un temps où l'on n'avait pas de motifs de ne pas croire à de certaines choses !

Tenant compte de ce fait, considérons simplement quelques-uns des principes qui font partie de la doctrine catho-

lique comme de toute autre doctrine religieuse, à savoir :
l'immortalité de l'âme, la vie future.

Abstraction faite de cette habileté qui consiste à éviter
toute contestation en ne laissant qu'aux morts le soin de
protester et d'affirmer qu'ils n'en ont pas pour leur argent ;
j'avoue que ces croyances pouvaient être, à de certaines
époques, une consolation, une compensation aux souffrances
d'ici-bas, pour des misérables qui n'avaient d'espérances
que les espérances chimériques de l'au-delà. Mais nul n'empêchera non plus de faire cette constatation que ces mêmes
doctrines, dites morales, qui soutenaient assez les premiers
chrétiens pour les fanatiser et ne point leur laisser craindre
les supplices, ces doctrines étaient enseignées précisément
par les pires oppresseurs qui, de toutes façons, y trouvaient
cet avantage inestimable de consoler leurs victimes de leur
oppression.

Ils devaient se trouver bien heureux sans doute, les
catholiques mêlés aux hérétiques de Béziers, d'avoir la
croyance au paradis, quand le légat du pape hurlait sous les
voûtes du temple de Dieu : « Massacrez tout ! Dieu recon-
naîtra les siens ! »

Repaître les peuples de chimères pour leur faire oublier
les réalités, leur prêcher la soumission et le respect de l'autorité, pour les opprimer en toute sécurité, sont de ces procédés qui pouvaient être bons autrefois, mais qui sont aujourd'hui quelque peu démodés.

Autres temps ! autres mœurs !

L'activité et le travail des sociétés modernes comportent
des idées plus conformes à la réalité des choses et surtout
à la liberté, à la dignité humaines, et le but de toute société
bien organisée doit être de procurer à tous ses membres les
moyens de parvenir à la plus grande somme possible de
bien-être, de bonheur même, si ce dernier toutefois ne
réside pas dans le caractère plutôt que dans la situation des
individus.

Ce n'est pas dans un monde fantastique qu'il faut attendre

une compensation à ces iniquités qui sont dans toute société : cette espérance serait vraiment trop commode à ceux qui tendent à les perpétuer.

Et une doctrine vraiment morale est celle qui donne à l'homme l'énergie nécessaire pour combattre toujours sa destinée, quand elle est le fait d'autres hommes, de dirigeants qui s'entourent de fictions pour le mieux dominer : c'est alors qu'il lui faut véritablement s'insurger et tendre à modifier un état social où il y a *par état*, et pour quelques-uns, excès et abus d'influences.

J'entends d'ici des Jérémies bavards s'élever contre une semblable doctrine, subversive, comme ils disent, de tout ordre social et qui doit, suivant eux, conduire au plus abominable égoïsme, à la recherche des satisfactions matérielles : tout cela et un tas d'autres choses semblables, débité avec ce ton convaincu et cette indignation sincère qu'on exhibe, pour la circonstance, de l'arsenal inépuisable des arguments oratoires.

Comme si l'indulgence de ces gens pour ceux de leur monde, — indulgence qui n'a d'égale que leur sévérité pour la canaille, — ne justifiait pas l'action de ces mêmes doctrines qu'ils qualifient de subversives ! Comme si l'homme, enfin, n'avait pour se guider en ce monde que ces principes dont je parle, et qui lui sont indispensables pour être fort et surtout éviter d'être dupe !

N'est-il point en rapport incessant avec ses semblables et ne résulte-t-il pas de là des circonstances multiples desquelles découlent des idées générales comme celles d'équité, de justice, de charité même ? L'éducation première ne peut-elle contribuer pour sa part à fournir le cerveau de l'enfant d'un certain nombre d'idées et de sentiments autour desquels graviteront ceux qui viendront ensuite ? Ce sont précisément ces *sentiments humains* qu'il importe de développer, mais sans qu'on cherche à leur donner une base extra-humaine, la moins solide de toutes actuellement, et la plus propre à s'effondrer dans le cours de la vie, ne laissant après elle que des ruines morales.

Qu'on soit donc sincère en matière d'éducation et surtout *moins politique !*

Le malheur est qu'il y a des ignorants et des faibles. Il y en aura toujours, à la vérité, qui ne sauront démêler ce qui convient à la société et à eux-mêmes surtout, pour être dans une situation moins inférieure, moins déplorable parfois. Ceux-là ont besoin d'être guidés, ont besoin qu'on leur suggère des idées en rapport avec les choses de ce siècle et surtout assez générales, comme aussi assez précises pour qu'elles puissent se loger une fois pour toutes en leur épais cerveau et servir de termes d'adaptation dans la plupart des circonstances de la vie.

C'est là ce dont l'Ecole nouvelle doit se préoccuper ; et ceux-là n'y pourront trouver à redire qui mettent les doctrines en actions et obligations, les détaillent en une multitude d'exercices et de pratiques dont l'effet le plus immédiat est, non pas précisément, d'assurer l'existence de certaines idées d'ordre moral, mais d'assujettir la plupart des actes de la vie à des institutions qui font surtout vivre leurs représentants et qui par surcroît tendent à donner à ceux d'en bas les mœurs chères à ceux d'en haut, par la tranquillité qu'elles leur procurent.

Les pratiques extérieures, imaginées pour prendre les idées et les individus dans les choses du culte, comme les fils de l'araignée destinés à prendre les mouches, ces pratiques ont cela de bon surtout, qu'elles sont... extérieures et qu'elles servent d'indice pour les intéressés.

Ne pas faire comme les autres, c'est en quelque sorte faire du genre et se signaler à l'attention publique. La considération puissante des intérêts, le besoin qu'on éprouve de ne pas froisser la majorité dont on dépend pour ses relations, pour ses affaires, l'influence de l'habitude : tout cela contribue à maintenir les individus dans ce qu'on est convenu d'appeler la bonne voie : autre moyen encore de se les attacher !

Quant aux autres, ce sont des originaux. N'étant à un moment donné qu'une infime minorité, ils n'étaient point à craindre et on leur accordait volontiers un sourire bienveillant. Jadis on les brûlait de temps en temps, mais seulement pour l'exemple, et quelquefois avec conviction. Aujourd'hui qu'ils font école et qu'ils deviennent légion, on les condamne sans pouvoir éprouver, toutefois, cette satisfaction à nulle autre pareille de leur faire goûter les voluptés de la braise. Ainsi le veut le malheur des temps! Aussi la pratique des choses religieuses en reçoit-elle une atteinte dont elle ne saurait chez nous se relever!

Or, la pratique est tout, en ces sortes de choses, ayant ceci de particulier qu'elle est éminemment contagieuse! Un chien s'arrête-t-il quelque part pour satisfaire à un des besoins de sa nature de chien, que ses semblables passant au même endroit s'empressent de... lever la cuisse.

Les habiles, les politiques qui sont à la tête de l'Eglise le savent très bien, car ils ne croient pas nécessairement à ces choses qui sont de leur spécialité! Aussi se préoccupent-ils beaucoup plus des moyens que des doctrines et cela en parfaite connaiss ace de cause. N'est-il pas évident que nous vivons à une époque décisive où s'opère rapidement la transition des idées religieuses à celles qui ne le sont pas?

Il y a pourtant encore une catégorie de philosophes, de politiques, qui disent sans sourciller: « Il faut au peuple une religion! »

Ils n'en éprouvent peut-être pas pour eux-mêmes un bien grand besoin, et quelques-uns pratiquent uniquement pour l'exemple et pour suggérer à ceux qu'ils veulent hypnotiser de faire comme eux. D'autres, enfin, émettent cette opinion dont je parle, parce qu'ils l'ont entendu émettre : c'est pour eux raison suffisante, péremptoire même, et puis c'est sitôt fait de répéter, après beaucoup d'autres, une... vieille rengaine !

Mais à quiconque est un peu éclairé, à quiconque est de bonne foi et ne pense pas être obligé devant un confident d'émettre une opinion contraire à celle qu'il adopte en son for intérieur, et cela parce qu'il appartient à un certain monde et possède de certaines relations, à celui-là, il est impossible de ne pas considérer les choses de religion autrement que comme des liens, destinés à enserrer les hommes dans un cercle de pratiques communes, devenant, avec le temps, des habitudes et produisant des empreintes mentales indélébiles.

. . . .

Un jour, un colporteur traversait une forêt. A l'heure où le soleil, au plus haut du ciel, darde sur la terre ses plus chauds rayons, le voyageur s'étendit à l'ombre, défit un paquet pour en tirer un bonnet de coton qu'il se mit sur la tête.

Des singes l'avaient vu, cachés dans le feuillage !

A peine le colporteur fut-il endormi que tous, à un signal se précipitaient sur sa marchandise, dévalisant ses bonnets de coton pour en affubler leurs têtes de singe.

Désolation du colporteur quand, à son réveil, il put constater le désastre ; mais, stupéfaction plus grande encore, lorsqu'il aperçut, assis sur les branches, toute une légion de singes goguenards, coiffés de ses bonnets.

Il se désolait ! les singes se désolaient ; il leur tendait le poing, ils lui tendaient le poing.

Enfin, de désespoir, il arrache son bonnet qu'il jette à terre. Et les singes de l'imiter et cent bonnets de tomber à terre.

La scène est de celles qui se produisent tous les jours dans la pratique religieuse !

. . . .

Dans une récente introduction à la philosophie atomistique, j'ai dit un mot de l'école doctrinaire qui voyait dans la philosophie un moyen de suggestion politique et sociale vis-à-vis de la bourgeoisie plus particulièrement. A plus forte raison, pouvons nous le dire de l'enseignement et de l'éducation ca-tholiques.

Aux forçats, on met des entraves pour les empêcher de fuir ; aux hommes, pour les mieux tenir, on impose, quand on les attrappe, les pratiques religieuses.

La religion, considérée indépendamment de tout préjugé, est donc un moyen, rien qu'un moyen.

Quoique cette idée ne perce pas toujours, quoiqu'on puisse ne pas se l'avouer, elle n'est pas moins au fond de la pensée, et il en résulte, pour ceux-mêmes qui se disent religieux, une certaine dose de scepticisme.

Aujourd'hui que ce scepticisme semble être à la mode, il nous a paru qu'il n'était dans la réalité que la marque d'un esprit ignorant ou superficiel qui ne sait ce qu'il y a au fond des choses et de nous-mêmes.

L'idée religieuse reste impuissante, c'est un fait ! On s'y rattache plutôt par *habitude* que par *conviction vraie* et ce qui nous manque le plus, c'est la foi sérieuse en quoi que ce soit.

Sachons ce que nous sommes autant qu'il est possible. Tâchons de pénétrer aux sources de la vie et de la pensée en nous aidant des ressources de la science moderne et nous au-rons, ce nous semble, d'autres motifs d'une foi nouvelle, suppléant à la foi religieuse qui nous manque.

Car ce n'est pas seulement en se plaçant sur le terrain des revendications politiques que la démocratie aura raison du vieux monde, lequel est en droit de lui demander : Que m'apportez-vous donc en échange de ce que vous m'en-levez ?

Il lui faut apporter sans retard son contingent d'idées, préparer les matériaux d'une évolution nouvelle, fournir enfin un aliment à cette activité continuelle qui est de l'esprit humain et que ne suffisent point à occuper de simples querelles politiques. Celles-ci rapetissent tout d'ailleurs et contribuent, d'autre part, à donner de l'importance à des choses qui n'en ont aucune par elles-mêmes ; mais elles sont inévitables en l'absence de tout mouvement intellectuel et conduisent à la corruption de l'esprit aussi bien que des carractères.

C'est cet état de choses qu'il convient de modifier au plus tôt.

DEUXIÈME PARTIE

I

Dans la première partie de cet ouvrage, nous avons, à plusieurs reprises, insisté sur la relativité des idées, et cela en nous plaçant à des points de vue qu'il est facile de dégager.

Nous avons, ce nous semble, laissé à entendre qu'il ne fallait voir dans les phénomènes, y compris ceux de l'esprit que des FORMES diverses du *mécanisme* universel, des manifestations de l'*énergie* propre à *la substance et à la matière*.

Si nous faisons figurer ce principe de *causalité* en tête de cette étude, c'est afin de satisfaire à une tendance naturelle de l'esprit du lecteur, tendance qui est de connaître la conclusion d'abord et seulement après, les données par lesquelles on y est arrivé.

C'est peut-être là un des restes de l'habitude des articles de foi, des principes *a priori* auxquels on ramène tout par voie logique ou autrement! Mais c'est surtout un indice indéniable de la paresse d'esprit et de l'incapacité analytique !

Ce principe de causalité que nous inscrivons en tête de ces lignes devra donc être considéré simplement comme une interprétation, quant à l'origine des phénomènes : comme l'expression d'une vue de détail et d'ensemble des choses de la nature, envisagées autant qu'il est possible sous leurs divers aspects.

Il convient pour cela de s'appuyer plus spécialement sur les données de la science actuelle, cette dernière multipliant de jour en jour les *perspectives* qui, seules, peuvent nous permettre, suffisamment variées, de rabattre toutes choses, tous phénomènes dans un même plan, de les voir tels qu'ils sont et par là de les comparer d'une *façon absolue*.

Si donc, et nous le répétons, nous mettons en évidence ce principe d'un mécanisme universel, placé à la base des choses de notre *entendement*, c'est surtout pour donner au lecteur les moyens de mieux entendre ce qui suit et le placer d'avance à un point de vue identique au nôtre.

Dans la nature, nous VOYONS des corps animés, en réalité, de mouvements divers, dans un état spécial que nous appelons l'état de repos et qui est caractérisé par l'absence de mouvement *apparent*.

Ainsi pour nous, les maisons, les édifices d'une ville, tout ce qui, en un mot, forme le relief du sol, tout cela se trouve dans l'état de repos, tout cela est *immobile*.

Mais si les apparences sont telles par rapport à nous, il n'en serait plus de même pour un observateur placé à distance de la ligne décrite par la terre dans l'espace. Cet observateur verrait un point de la surface terrestre décrire une courbe sinueuse très complexe, résultant des mouvements multiples dont il se trouve animé ; de plus, il le verrait, non pas tel qu'il se produit réellement, mais en perspective.

Plan de l'Écliptique dans lequel la Terre se trouve à un instant donné.

Courbe décrite par la Terre entraînée par le Soleil.

Soleil

Soleil

Soleil

Chûte du Soleil dans l'espace.

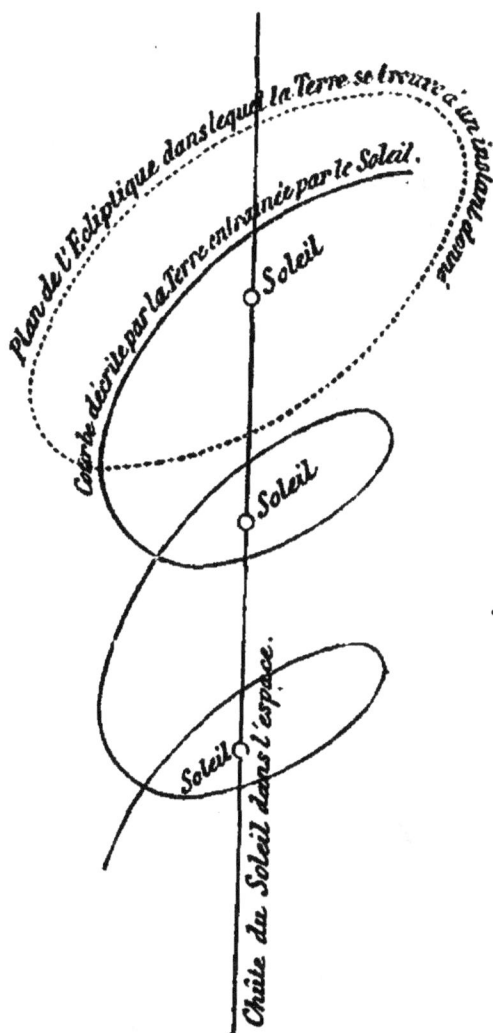

Mouvement réel du centre de la Terre dans l'espace.

Comme il convient que ce côté de la question ressorte bien pour ceux qui n'ont pas le loisir, non plus que les moyens d'aborder dans le détail les questions de mouvement, ne fût-ce qu'au point de vue de la *forme*, nous supposerons le cas d'une voiture se déplaçant sur une route et suivant une direction *rectiligne*.

Un point quelconque d'une des roues de cette voiture se trouve, on le conçoit très bien, animé de deux mouvements simultanés : l'un, de rotation autour de l'axe ; l'autre, de translation. Il décrit alors dans l'espace une courbe qu'on appelle la cycloïde et dont les deux figures ci-jointes donnent la *forme* réelle, absolue et aussi la perspective dans le cas où l'observateur est placé en dehors de la route, dans une direction M' N' par rapport à cette dernière.

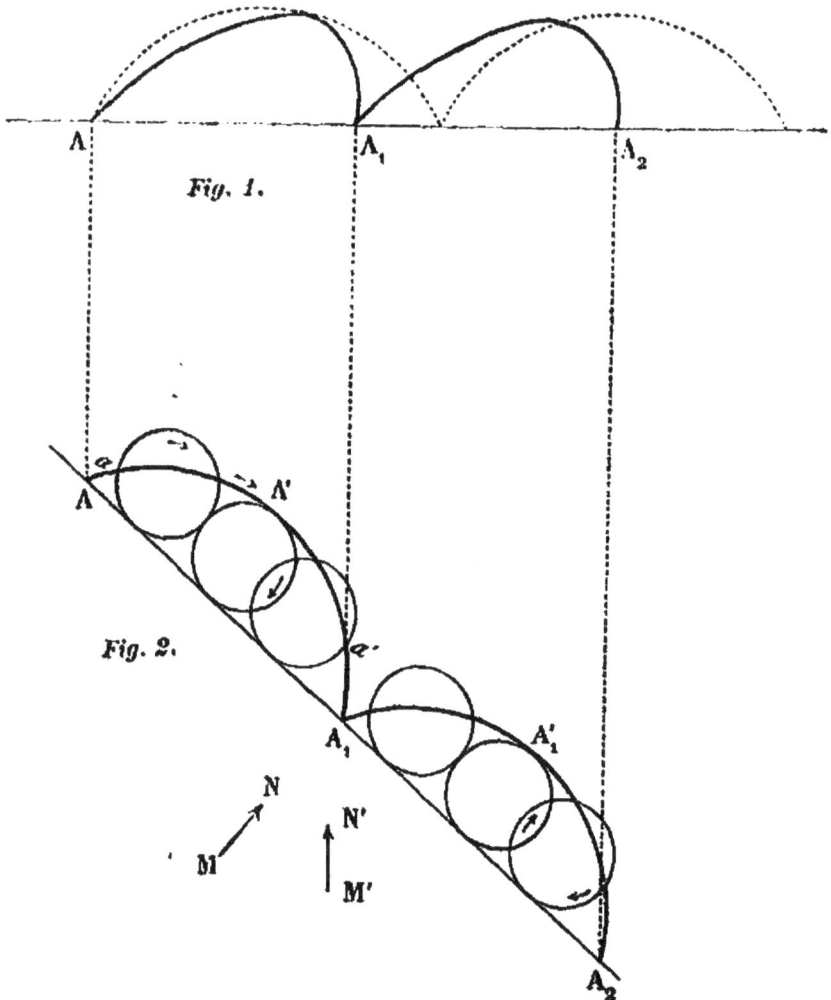

Fig. 1.

Fig. 2.

Courbe décrite par un point d'une circonférence roulant sur A A₂. Le point occupe successivement les positions A α A' α' A₁ A'₁ A₂. La fig. 1 représente l'aspect de la courbe quand on regarde suivant MN ; la fig. 2, l'aspect de cette courbe quand on la regarde suivant M'N'.

Le pointillé de la fig. 1 représente la courbe réelle et permet de constater la différence avec la courbe *apparente*.

Une autre expérience, dont nos lecteurs sont coutumiers d'ailleurs, consiste à réaliser une courbe parabolique plus ou moins allongée avec un liquide s'échappant d'un réservoir sous une pression plus ou moins grande.

Le mouvement qui s'effectue suivant cette ligne est la *résultante* de deux mouvements élémentaires : l'un de propulsion qui, s'il intervenait seul, serait rectiligne et horizontal par exemple ; l'autre, de chute qui résulte de la pesanteur du liquide. Les deux étant simultanés, il en résulte un mouvement qui n'est ni horizontal, ni vertical seulement, mais les deux à la fois et finalement *parabolique*.

En outre de la forme *vraie*, il y a encore à considérer dans un mouvement la forme **apparente**, laquelle dépend essentiellement de la perspective, du **point de vue**. Or, il existe un seul point de vue, nous donnant la forme vraie d'une surface plane, par exemple ; — abstraction faite de ses dimensions, — c'est celui qui se trouve sur une droite perpendiculaire à la surface et passant par son centre. Par ce dernier, passent une infinité d'autres droites. En ne prenant qu'un point de vue sur chacune d'elles, nous avons par conséquent une infinité de perspectives ou de formes **apparentes** de la surface. Ces formes sont la ligne droite et des ellipses de dimensions variables, alors que la forme absolue est une circonférence.

Les figures ci-dessous donnent une idée de ces apparences diverses.

Il est enfin une dernière observation qui doit mettre en garde contre une interprétation immédiate des données sensationnelles relatives au mouvement.

Chacun sait qu'en wagon, les arbres placés sur le bord de la voie ferrée paraissent animés d'un mouvement de sens opposé à celui du train, pendant que ceux qui sont au loin apparaissent tourner autour d'un point placé à une distance moyenne. Ce mouvement est-il réel ? Non ! Il constitue simplement une *apparence*, dont il est facile de donner la raison d'ailleurs.

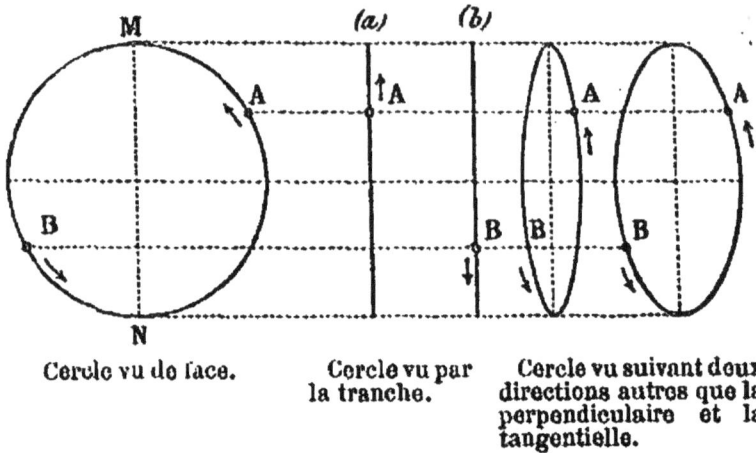

| Cercle vu de face. | Cercle vu par la tranche. | Cercle vu suivant deux directions autres que la perpendiculaire et la tangentielle. |

Apparences produites par le mouvement des deux points A B. Lorsque le point A remonte sur la circonférence à partir de N, il paraît décrire une trajectoire rectiligne ascendante (*a*); à partir de M, une trajectoire rectiligne descendante (*b*).

Si un corps A, par exemple, se déplace vers A′ pendant que l'œil reste immobile, l'axe optique de ce dernier suit son mouvement et l'image de A se forme sur la rétine en des points successifs se déplaçant vers la gauche. Ce sont ces impressions successives sur les *bâtonnets* qui nous donnent l'idée du mouvement. (Fig. 1.)

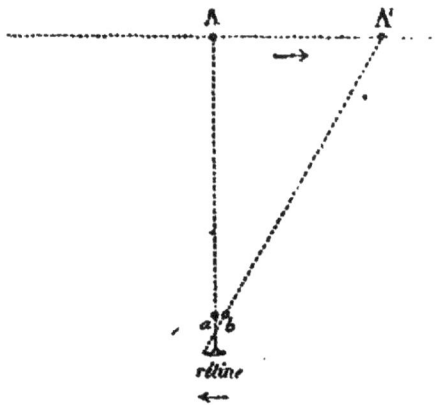

(*Fig. 1.*) Le centre optique du cristallin est représenté par *a b* dans les deux positions successives de l'œil, la rétine restant immobile.

Que l'œil au contraire, se déplace, l'objet restant immobile, l'axe optique passant toujours par A, comme l'image de A se forme constamment du même côté de cet axe, à gauche par exemple, on comprend que la portion de l'axe comprise entre le cristallin et la rétine s'inclinant vers la gauche, les images se meuvent également de ce côté. L'effet produit est donc le même que dans le premier cas et l'objet paraît se mouvoir en sens contraire du mouvement de l'œil. (Fig. 2.)

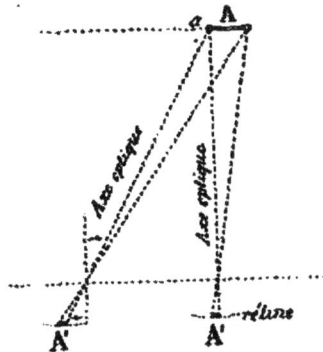

(*Fig. 2.*) La tête étant orientée de telle sorte que la rétine ne bouge pas par rapport à la direction perpendiculaire au mouvement, l'image de *a* s'est déplacée vers la gauche sur la rétine, vers la droite dans le cerveau. A paraît donc en mouvement vers la droite alors que l'œil se meut vers la gauche.

Quant aux objets lointains, leur image, se formant plus près de l'axe sur la rétine que celle des premiers, se déplace de quantités moindres : d'autre part, l'axe visuel pour les objets éloignés se meut vers la droite entre le cristallin et la rétine par rapport à celui qui passe par les objets plus rapprochés. Que dans la position B, de l'œil par exemple, on vise successivement A et A', on aura entre les images de ces deux points la série des images des points intermédiaires, images marchant en quelque sorte vers la droite. De là, une sensation de mouvement différente de la première. (Fig. 3.) (1)

(1) Je donnerai ultérieurement ma théorie de la vision droite pour compléter l'explication.

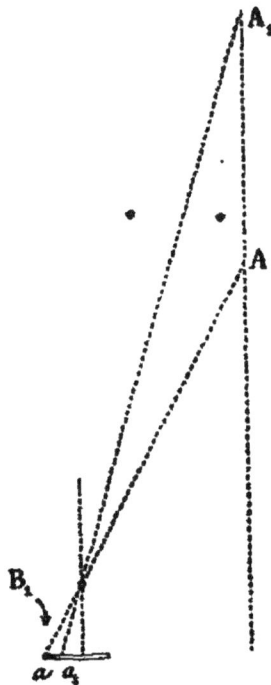

(Fig. 3.) Les images successives des points compris entre A₁ A se
produisent en marchant vers la droite sur la rétine, vers la gauche
dans le cerveau. Les objets lointains paraissent alors se déplacer
dans le même sens que l'œil vers la gauche; ceux qui sont plus rapprochés vers la droite, comme on l'a vu.

Or, ce mouvement des images dont je viens de parler
est celui qui se produit sur la rétine.

On a l'habitude, je le sais, d'interpréter le phénomène
de la vision droite à l'aide de l'hypothèse de J. Müller :
cela parce que l'on considère, à tort certainement, l'image
rétinienne comme la dernière expression du phénomène
visuel.

On ne songe pas assez, en effet, que les extrémités op-
posées des conducteurs optiques peuvent être le siège d'i-
mages cérébrales renversées par rapport aux rétiniennes.

Dans ces conditions, si les mouvements dont j'ai parlé
se produisent dans un sens sur la rétine, ils se reproduisent
dans le cerveau en sens opposé. Des mouvements de haut
en bas, de droite à gauche donnent lieu à des mouvements
d'images cérébrales dirigés de bas en haut ou de gauche à
droite, et l'impression que nous recevons des circonstances
signalées plus haut reste bien la traduction, comme direction de mouvement, des mouvements d'images formées dans
la couche superficielle du cerveau. Mais les objets eux-
mêmes ne se trouvent pas dans le même cas ; c'est un fait
que nous pouvons aisément constater, mais sur lequel, cependant, j'insiste dans la circonstance pour le besoin de
mon argumentation ultérieure.

Nous ne saurions donc prétendre avec certitude absolue,
voir toutes choses avec leur forme vraie de façon à les pouvoir comparer entre elles pour déterminer ce qu'elles ont de
commun ; nous ne saurions non plus concevoir immédiatement tous les phénomènes qui nous apparaissent comme
étant de l'ordre mécanique, comme nous ferions certainement
si nous percevions toujours la forme géométrique absolue qui
les caractérise, au lieu de la forme apparente, et si les perspectives ne venaient altérer, dans la perception, les rapports
de grandeurs qui existent entre eux.

. . . .

Jusqu'ici, je n'ai considéré que le mouvement des corps
ayant des dimensions suffisantes pour être *vus* dans chacune
des positions qu'ils occupent dans l'espace à un instant donné.

Mais il peut se faire que la vitesse soit telle que le corps
visible à l'état de repos cesse de l'être à l'état de mouvement. C'est le cas d'un obus que l'on ne voit plus lorsqu'il
est lancé par une pièce de canon avec une vitesse de 600
mètres par seconde.

Ce qui est vrai pour des corps visibles à l'état de repos l'est
à plus forte raison, pour ceux qu'on n'observe qu'au micros-

cope. Or, ces infiniment petits sont eux-mêmes constitués par des éléments plus petits que le tout dont ils font partie.

Que ces éléments soient animés de vitesses considérables, n'est-il pas évident qu'ils resteront *invisibles ?*

Or, il y a, c'est un fait acquis à la science, des nombres formidables de ces infiniment petits, dans les corps qui sont accessibles à notre perception en tant que corps et les mouvements divers dont ils sont animés peuvent se faire connaître à nous sous la forme lumineuse, calorifique ou sonore, par exemple.

Le vulgaire sait-il qu'à la base de ces phénomènes calorifiques, lumineux ou sonores dont je parle, il y a du mouvement ? S'il les ignore en tant que processus mécaniques en dehors de lui-même, à plus forte raison les ignore-t-il absolument comme processus mécaniques intérieurs.

Il est naturel alors qu'il envisage les phénomènes, résultantes de ces derniers, comme s'ils provenaient de causes immatérielles, ou plutôt d'une seule qu'il appelle l'âme. Des phénomènes eux-mêmes, il fait des entités, c'est-à-dire des réalités d'une espèce particulière, des réalités occultes : cela, d'autant plus facilement, que les mots qui lui servent à les exprimer sont de la catégorie des noms communs par lesquels on désigne, dans le principe, des objets, des corps, de la matière enfin. Car c'est un fait indéniable que nous sommes portés à matérialiser tout ce qui se désigne par un *nom*, ou tout au moins à en faire des êtres de raison d'une variété particulière. La preuve en est dans les religions et mythologies.

Et alors les mots nous cachent la réalité, en constituant pour nous presque toute la réalité : ce que l'on constate d'ailleurs dans toutes les discussions.

Or, en nous plaçant au point de vue transformiste, si les espèces se modifient avec le milieu dans lequel elles se trouvent, des idées justes, en rapport avec la réalité des choses, ne sont pas sans subir l'influence fatale de la masse ignorante, l'influence du langage, où le plus souvent les mots

prennent la place des choses. C'est évidemment là le cas
le plus fréquent : beaucoup, d'ailleurs, qui pourraient
réagir, songeant plutôt à profiter de l'ignorance de la masse,
de son imbécillité, en un mot, qu'à la détourner de ses *idoles*,
de ses préjugés, de sa façon brutale, bestiale, de voir les
choses. Ceux-là se décernent modestement un brevet de supériorité intellectuelle et morale dont, en somme, le rende-
ment *spirituel* n'est nullement en rapport avec ces facilités
qu'ils ont eues pour acquérir cette apparente supériorité
sociale qui est la leur.

. Car on n'est pas nécessairement fort intelligent parce qu'on
possède de certaines choses qu'on a reçues de l'instruction ou
de l'éducation, dans quelles conditions souvent ! On n'a pas
précisément de la volonté parce que, en se laissant aller, on
peut primer plus fort que soi, étant données les étrangetés
de toute organisation sociale et l'influence prépondérante des
idées conventionnelles.

Ce sont précisément les gens de cette catégorie qui
constituent l'obstacle le plus considérable à toute évolution
intellectuelle et sociale, parce qu'ils sont de ceux qui en devraient prendre la direction et, qu'hynoptisés par leurs passions, leurs préjugés, les idées reçues de leur monde, ils
sont les adversaires les plus fanatiques de cette transformation.

Mais aussi, le meilleur moyen de les forcer est de les
mettre en présence de cette masse qu'ils prétendent diriger
et de mener cette dernière à l'assaut de leurs positions.

Car il faut s'en bien persuader : leur manière de voir, de
penser, d'entendre est celle qui se trouve en conformité avec la
tendance catholique et conservatrice qui est la leur. Or, cette
dernière s'autorise, on le sait, de la doctrine spiritualiste
qui tout entière repose sur l'ignorance la plus absolue des
choses et des phénomènes, sur l'abus des mots dont elle fait
l'équivalent des réalités.

Aussi faut-il solidariser tout cela et entamer une lutte éner-
gique contre ce vieux monde qui veut faire vivre l'autre d'il-

lusions pour le mieux exploiter et qui se paie d'illusions quand il s'agit pour lui de s'apprécier lui-même et d'apprécier les doctrines qui sont les siennes.

Car il importe qu'on le sache bien du côté de la nouvelle école : les idées se trouvent en conflit avec des intérêts, des passions, des préjugés qui se prévalent de l'autorité, de la religion et autres choses semblables qu'il faut commencer par dégonfler pour en faire sortir le vent qu'elles contiennent et qui leur donne une certaine apparence auprès du vulgaire.

. . . .

Nous avons, dans les lignes qui précèdent, insisté sur le caractère *mécanique* des phénomènes *quels qu'ils soient* : c'est ce qui résulte d'ailleurs des découvertes de la physique, de la chimie et de la physiologie modernes lesquelles ont servi de point de départ à une conception nouvelle des choses.

Mais combien sont en mesure de se servir des données scientifiques pour se dégager, d'eux-mêmes, des idées qui sont pour eux choses reçues et qui reposent sur une manière de voir presque fossile ; qui, parfois même, ne reposent sur rien ; à savoir sur de simples arguments oratoires ? Le nombre, certes, n'en est pas bien grand.

Et d'ailleurs parmi ces rares esprits qui entrevoient les choses d'autre façon que le vulgaire, combien ne sauraient préciser, quant au détail et à la nature du mouvement des infiniment petits ? Combien sauraient, ramassant pour ainsi dire toute cette masse énorme de faits acquis à la science contemporaine, dégager les caractéristiques de cette immensité où nous sommes, semblables à des grains de sable perdus dans l'immensité des océans.

Car enfin, il y a quelque chose qui fait qu'un corps nous apparaît avec des aspects divers, quoique composé dans tous les cas des mêmes éléments. Ce quelque chose c'est le mouvement dont il est animé en lui-même ; ce peut être aussi son mouvement d'ensemble. Et ce mouvement peut différer par la quantité, par l'intensité, comme aussi par la forme : ce sont ces variations qu'il importe de déterminer, non seulement au point de vue de l'utilité, mais encore de la connaissance en elle-même.

De l'eau, par exemple, peut se présenter sous les trois états : solide, liquide et gazeux. Elle reste cependant identique à elle-même et composée des mêmes éléments, mais, au point de vue du mouvement de ces derniers, il se produit des variations très marquées qu'il importe de connaître pour établir les relations qui existent entre elles et les changements d'état.

On brûle du charbon ! Ce charbon noir, solide, ayant une forme bien déterminée se combine à celui des éléments qui donne à l'air ses propriétés vitales : l'oxygène. Ce n'est plus alors du charbon, mais un corps nouveau, gazeux, *invisible*, et qu'on appelle l'acide carbonique.

A une température suffisamment basse, sous une pression suffisamment grande, on voit ce corps invisible et dont nous n'avons point une connaissance *formelle* et parfaitement *nette*, devenir liquide, devenir même solide dans des conditions convenables : prendre l'aspect neigeux.

Ce corps enfin, que la chimie seule peut nous faire connaître avec assez de netteté, est cependant un des éléments les plus indispensables à l'activité vitale qui se manifeste à la surface du globe. C'est lui qui, contenu dans l'air (environ moins d'un milligramme par litre), est absorbé par les feuilles des plantes, donne naissance à de l'amidon, à de la cellulose, à du bois, à toutes sortes de produits végétaux. Ces derniers, assimilés par les animaux, se transforment en de nouveaux tissus, dans lesquels on retrouve le carbone primitif engagé dans des combinaisons différentes de la première à laquelle il revient toujours par le jeu incessant de la vie.

A la base de toutes ces migrations et transformations, il y a une énergie, une activité qu'on ne saurait mettre en doute ; il y a du mouvement dont nous n'avons point connaissance par nos seules perceptions.

Comment alors, étant donné la manière dont nous recevons nos idées toutes faites, par l'éducation ou autrement, le peu de loisirs que nous avons surtout de les rectifier, comment détacher notre esprit des vieilles formes de conception qui ne peuvent plus être celles d'aujourd'hui? Cela n'est possible qu'autant que les nouvelles seront suffisamment simples et précises.

II

Dans le précédent chapitre nous avons donné quelque idée de la nécessité où nous sommes de redresser continuellement les données des impressions immédiates qui sont à la base de notre entendement.

Ces erreurs, ces illusions qui font que nous ne voyons pas les choses sous leur véritable aspect, tiennent à trois causes principales : à la *perspective* d'abord, à notre nature physiologique ensuite, et enfin aux rapports et proportions d'espace et de temps qui interviennent sans cesse dans nos appréciations des choses du monde extérieur.

Il en résulte des *idées particulières* qui, par la nature même que nous leur attribuons, s'influencent réciproquement se coordonnent, s'associent pour donner naissance à des idées générales. N'est-il pas alors évident que ces dernières, résultantes de l'ensemble des premières, participent de la même erreur et ne correspondent point à la réalité?

Cela ressort plus particulièrement de la considération de nos divers modes de perception des infiniment petits.

La vue, l'ouïe et le toucher, par exemple, aboutissent à des impressions telles que les lumineuses, sonores et calorifiques. Il en résulte des idées générales que nous exprimons par les mots de lumière, de son, de chaleur. Or, par les tendances anthropomorphiques plus ou moins atténuées qui sont de notre nature, par ce fait même que, dans le principe, les mots servent plus spécialement à la *désignation des objets*, nous attachons à ces mots de lumière, son et chaleur l'idée d'entités, et, si je puis m'exprimer ainsi pour me faire mieux comprendre, l'idée de personnalités, vagues, à contours indécis, ayant une existence propre, en dehors du rapport qu'ont, avec l'homme, les corps lumineux, les corps chauds et les corps sonores.

La poésie toute puissante aux débuts de la civilisation, contribue à accréditer cette façon d'entendre les choses. Avec elle,

> Tout prend un corps, une âme, un esprit, un visage ;
> Chaque vertu devient une Divinité,
> Minerve, la prudence ; Vénus, la beauté.
> Echo n'est plus un son qui dans l'air retentisse,
> C'est une Nymphe en pleurs qui se plaint de Narcisse.

Aujourd'hui même, que l'on interroge quelqu'un, ignorant des données de la science moderne, quant à ces phénomènes, et l'on se convaincra aisément *qu'au fond de l'entendement* il n'y a pas même un soupçon de leur nature mécanique.

Si le mouvement des infiniment petits ne nous est pas accessible, en tant que mouvement, à plus forte raison en sera-t-il ainsi de ces infiniment petits qui entrent dans la constitution de notre organisme physiologique en général et de notre système nerveux en particulier.

De ce que nous ne les voyons pas, de ce que nous ne sommes pas témoins de leur activité, à eux qui sont nous-mêmes, qui se tiennent, s'enchaînent par d'innombrables liens, par d'innombrables influences et qui, à eux tous, constituent une somme de vie perceptible, — nous les remplaçons arbitrairement par un acteur, un seul, invisible et que nous appelons l'âme.

C'est par un reflet de cette activité intérieure, par l'image distincte de tous les mouvements, cérébraux par exemple, que nous pourrions avoir une tout autre idée de nous-mêmes, que celle qui est partagée à des degrés divers par l'universalité des hommes.

Saurions-nous arriver à un semblable résultat par un simple retour sur nous-mêmes et par le seul procédé de l'observation intérieure? Assurément non, car les activités multiples qui accompagnent, qui déterminent la perception, en apparence la plus simple, le phénomène mental le plus élémentaire, ces activités, dis-je, en admettant qu'elles fussent accessibles à notre analyse, de quelque façon que ce soit, par un sens spécial, ne sauraient nous être perceptibles dans *l'instant,* chacune séparément et distincte de sa voisine. Et cela se conçoit facilement !

La production des phénomènes mentaux se trouve accompagnée d'une sécrétion, ayant pour siège les cellules et les fibres nerveuses, sécrétion qui est le résultat de la mise en activité des éléments excités.

Or, aucun phénomène chimique n'est instantané, dans le sens *strict* du mot ; il présente une durée qui peut être très faible, mais enfin une durée susceptible d'être exprimée par un temps infiniment petit si l'on veut. Et c'est dans ce même temps que se manifeste l'énergie, *quelle qu'elle soit,* qu'il met en liberté.

En admettant qu'on puisse le séparer du phénomène *psychique,* forme sous laquelle il est vu par l'œil (!) de la conscience, un phénomène physiologique est suivi, à des intervalles extrêmement rapprochés, par d'autres qui même *empiètent* sur lui, commencent, alors qu'il n'est point encore achevé, et forment par là une ligne *continue* de sensations dont l'ensemble constitue lui-même un état psychique continu : l'état de conscience.

Et, ceci soit dit en passant, afin de bien préciser, nous entendons par cette expression « état de conscience » aussi bien celui qui résulte des répercussions des choses du dehors sur celles du dedans, — autrement dit du cerveau — que celui qui résulte des répercussions réciproques des éléments nerveux ou autres : choses du dedans (1).

_____

(1) La prédominance des unes sur les autres produit même, c'est un fait bien constaté, des effets particulièrement remarquables quant à la façon d'être de ceux chez lesquels on l'observe.

C'est ainsi que ceux qui se livrent à un *travail* intellectuel néces-

Nous ne saurions donc, par la seule observation, à la façon spiritualiste de ce qui se passe en nous-même, avoir une idée juste de ce que nous désignons sous les noms génériques, d'âme, d'esprit, de pensée et d'autres analogues. Ce que nous apprenons par le retour sur nous-mêmes est si peu de chose !

sitant beaucoup de régularité dans la coordination, dans les courants, prêtent peu d'attention aux choses du dehors. Ils ont, si on peut s'exprimer ainsi, le regard en dedans ; ce sont des distraits. On comprend aisément pourquoi !

Les autres, que les choses du dehors assaillent en toute liberté, pour ainsi dire, sont de leur côté incapables d'une attention soutenue. Ce qu'ils appellent leur volonté ne saurait réagir contre leur tempérament : une circonstance peut les modifier quant à leur manière d'être physiologique et, par suite, psychique ; ce qu'on appelle volonté n'y est pour rien.

III

Malgré ces difficultés qui se présentent lorsqu'il s'agit de mettre la philosophie au point, par rapport à la science moderne, il n'est point cependant impossible d'aboutir.

Il importe en ceci de donner, d'abord, un aperçu de la constitution de l'univers et de sortir, pour un instant, de nous-mêmes.

. . . .

« Le vulgaire ne voit autour du globe qu'il habite qu'une
« voûte étincelante de lumière pendant le jour, semée d'é-
« toiles pendant la nuit : ce sont là les bornes de son uni-
« vers. Celui de quelques philosophes n'en a plus, et s'est
« accru presque de nos jours, au point d'effrayer notre ima-
« gination.

« On supposa d'abord que la lune était habitée ; ensuite
« que les astres étaient autant de mondes ; enfin que le
« nombre de ces mondes devait être infini puisqu'aucun
« d'eux ne pouvait servir de terme et d'enceinte aux autres.
« De là ! quelle prodigieuse carrière s'est tout à coup offerte
« à l'esprit humain ! Employez l'éternité même pour la par-
« courir, prenez les ailes de l'Aurore, volez à la planète de
« Saturne, dans les cieux qui s'étendent au-dessus de cette
« planète : vous trouverez sans cesse de nouvelles sphères, de
« nouveaux globes, des mondes qui s'accumulent les uns
« sur les autres ; vous trouverez l'infini partout, dans la

« matière, dans l'espace, dans le mouvement, dans le
« nombre des mondes et des astres qui l'embellissent ; et
« après des millions d'années vous connaîtrez à peine ces
« quelques points du vaste empire de la nature. » (1).

L'astronomie moderne est venue, grâce à ses méthodes
d'investigation, vérifier l'exactitude de ce magnifique tableau
et reculer, par le moyen d'instruments perfectionnés, les limites du monde visible ; établir, par exemple, que la voie
lactée n'est autre que le résultat de la *perspective* d'une
multitude d'étoiles et de soleils qui, dans le lointain et à l'œil
nu, apparaissent comme une faible nébulosité.

Les parallaxes de quelques-unes de ces étoiles ont même
permis d'établir leur distance approchée de la terre.

C'est ainsi que la 61° du Cygne se trouve à une distance
de nous égale à 30,000 milliards de lieues environ ; Wéga
à plus de 40,000 milliards de lieues.

Au delà se trouvent des myriades d'autres étoiles, dont les
distances à la terre dépassent toute imagination ; de sorte
qu'on se trouve amené à concevoir, devant ces profondeurs
formidables de l'espace, un univers infini, dont le centre est
partout, comme a dit Pascal, et la circonférence nulle part.

Dans cette immensité, qu'est-ce que la terre ?

Moins qu'un grain de sable au fond d'un Océan !

_____

(1) Voyage d'Anacharsis. Discours du grand-prêtre de Cérès.

IV

Depuis les découvertes de Képler, on sait comment se comportent les planètes qui gravitent autour du soleil. Elles décrivent autour de ce dernier des ellipses dont il occupe un des foyers (1).

Ces ellipses ont une *excentricité* plus ou moins grande, indiquée pour chacune des planètes par un nombre qui constitue, en termes d'astronomie, un des éléments de la planète, c'est-à-dire une des quantités qui sont indispensables pour connaître la *forme* exacte de son mouvement.

La figure ci-dessous indique en quoi consiste cette excentricité.

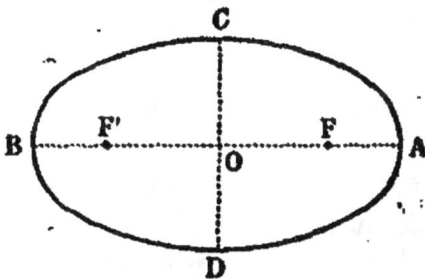

(Fig. 4).

Les points FF' désignant les deux foyers, O le centre

---

(1) On peut décrire facilement la courbe qu'on appelle ellipse, en plantant deux piquets dans le sol et en y attachant les extrémités d'une ficelle. On appuie ensuite le long de cette ficelle et en le déplaçant, un traçoir dont la pointe décrit la courbe sur le sol. Les points occupés par les deux piquets s'appellent des foyers.

de l'ellipse, si l'on mesure les distances OF et OA, on obtient deux nombres, dont le premier, divisé par le second, donne un quotient qui n'est autre que l'excentricité.

Celle-ci est d'autant plus faible, s'approche d'autant plus de zéro, que la distance OF est plus faible elle-même, c'est-à-dire que l'ellipse tend davantage vers une circonférence.

Or, si l'on ne considère pour l'instant que les planètes principales : Mercure, Vénus, la Terre, Mars, Jupiter, Saturne, Uranus, Neptune, sans tenir compte de cet essaim de près de 250 qui se meut entre Mars et Jupiter, on obtient le tableau suivant :

Mercure	0.2056
Vénus	0.0068
La Terre	0.0167
Mars	0.0932
Jupiter	0.0482
Saturne	0.0560
Uranus	0.0463
Neptune	0.0089

A part la planète Mercure, la plus rapprochée du Soleil, les autres planètes ont des excentricités assez faibles, pour qu'en représentant la courbe qu'elles décrivent dans l'espace, celle-ci se confonde sensiblement avec une circonférence.

Aussi ne faisons-nous pas intervenir dans le tableau qui suit, la longitude du périhélie. (1)

Il n'en est plus de même pour beaucoup des petites planètes, comprises entre Mars et Jupiter. Parfois leur excentricité dépasse 0,3.

Ces éléments planétaires ne sont pas les seuls que nous

(1) Le périhélie est le point de la courbe le plus rapproché du Soleil : il se trouve à une des extrémités du grand axe ; l'autre, le plus éloigné, est ce qu'on appelle l'aphélie.

ayons à signaler, mais nous ne citerons évidemment que les principaux, n'ayant point à faire ici précisément une description complète qui rentre plutôt dans le cadre d'un cours d'astronomie.

Le lecteur y perdrait d'ailleurs cette vue d'ensemble, à laquelle nous tenons le plus essentiellement dans cet ouvrage.

Ces éléments, dont nous parlons, sont : la durée de la révolution autour du Soleil ou révolution sidérale ; la distance moyenne au soleil, le volume de la planète, sa masse — ou, pour le lecteur, la quantité de substance qu'elle renferme, — la durée de la rotation de la planète sur elle-même, enfin, l'inclinaison de son *orbite* sur le plan de *l'écliptique*. Ils sont donnés pour les huit principales dans le tableau suivant où l'on trouvera également ceux d'entre eux qui se rapportent au Soleil et au satellite de la Terre : la Lune.

PLANÈTES	RÉVOLU-TION sidérale.	MASSE rapportée à celle de la Terre.	VOLUME rapporté à celui de la Terre.	DURÉE de la rotation.	INCLINAI-SONS	DIS-TANCES moyennes au Soleil.
	jours			j. h. m. s.		
Mercure.	87 9	0.061	0.052	0.24. 0.50	7° 0′ 8″	0.387
Vénus...	224 7	0.787	0.975	23.21.22	3° 23′ 35″	0.723
La Terre.	365 25	1	1	23.56.04	0. 0. 0.	1
Mars	686 97	0.105	0.147	24.37.23	1° 51′ 2″	1.523
Jupiter..	4.332 58	308.99	1279.412	9.55.37	1° 18 41	5.202
Saturne.	10.759 23	91.919	718.883	10.14.24	2° 29 40	9.538
Uranus..	30.688 39	13.518	69.237	»	0° 46 20	19.183
Neptune.	60.181 11	16.469	54.935	»	1° 47 2	30.055
Soleil ...	»	324.499	1283720	25. 4.29	—	—
Lune....	»	0.013	0.020	27. 7.43	5° 47 19	

Il est nécessaire, à propos du tableau qui précède, de fournir quelques explications qui donneront, ce nous semble, à quelques-uns des nombres qui s'y trouvent contenus, leur véritable signification.

Dans la colonne où se trouvent indiquées les distances moyennes au Soleil, le nombre 1 représente 152,700,012

kilomètres ; de sorte qu'on peut remplacer les nombres de
cette colonne par les suivants :

PLANÈTES	DISTANCE AU SOLEIL EN KILOMÈTRES
Mercure......................	59.108.860
Vénus......................	110.450.292
La Terre....................	152.700.012
Mars......................	232.667.329
Jupiter....................	794.461.541
Saturne	1.456.571.188
Uranus....................	2.929.148.372
Neptune....................	4.587.106.071

Quant à l'inclinaison, on peut s'en faire une idée de la
façon suivante :

La courbe que décrit la Terre dans sa révolution annuelle autour du Soleil, est ce qu'on appelle une courbe
plane. Tous ses points se trouvent contenus dans un plan
auquel on a donné le nom de plan de l'écliptique (1). C'est
à ce dernier que l'on rapporte les inclinaisons. (*Fig. 5.*)

Les autres planètes, en effet, se meuvent dans des plans
qui font avec celui de l'écliptique des angles plus ou moins
considérables.

A part *Mercure*, les grosses planètes n'ont qu'une inclinaison très faible. Il n'en est pas de même des petites
qui circulent entre *Mars* et *Jupiter* ; l'une d'elles, *Pallas*,
située à plus de 412 millions de kilomètres du Soleil, possède une inclinaison de 34 degrés. C'est la plus forte, actuellement, comme inclinaison de planète.

Nous avons dit antérieurement que les planètes, en même

(1) Ainsi appelé parce qu'il y a éclipse de Lune lorsque la Lune
passe dans ce plan et que la Terre intercepte les rayons qui lui
viennent du Soleil et la rendent lumineuse.

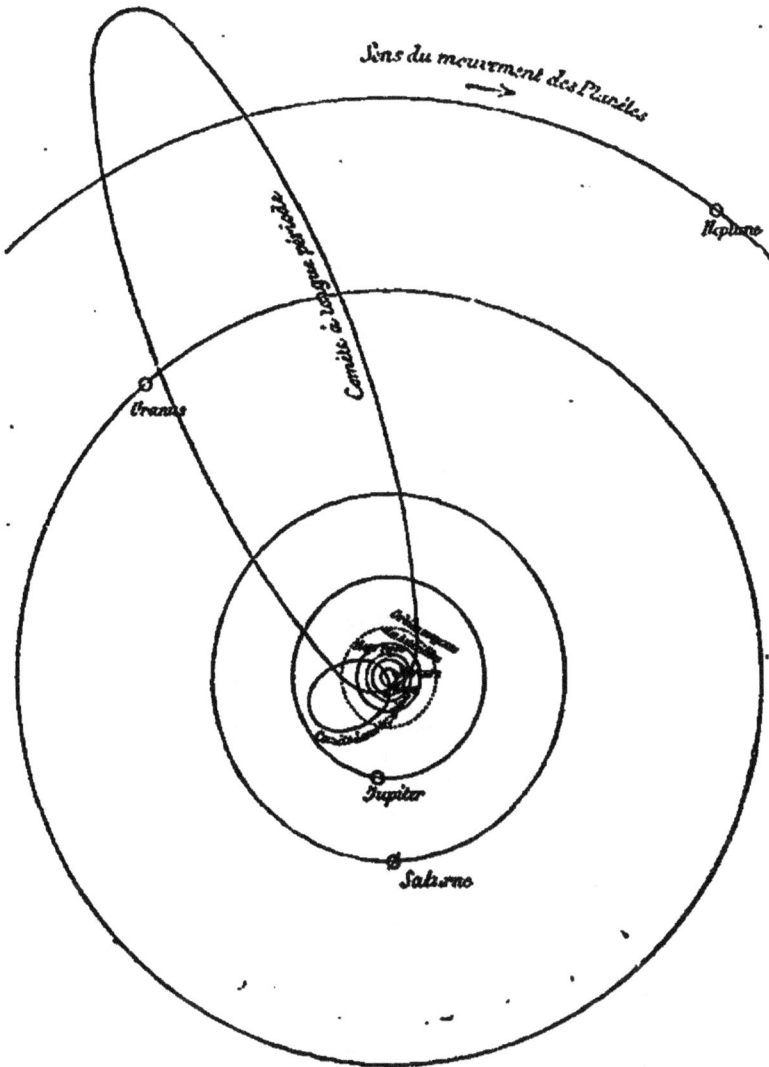

(Fig. 5).

temps qu'elles tournaient autour du Soleil, tournaient sur elles-mêmes. (1)

La durée de cette rotation est indiquée dans la 5° colonne de l'avant-dernier tableau. Elle s'effectue autour d'un axe qui n'est pas nécessairement perpendiculaire. C'est ain-

_____

(1) Les mouvements mu'tiples auxquels participe notre Terre, lui

si que celui de la Terre fait, avec ce plan, un angle de 66 degrés environ.

Il en résulte que *l'équateur*, perpendiculaire à cet axe, et passant par le centre de la Terre, fait, avec l'écliptique, un angle de 23°27'.

C'est de cette inclinaison que nous viennent les saisons.

En outre de ces données, destinées surtout à procurer au lecteur une vue d'ensemble des choses du système solaire, nous en ajouterons quelques autres relatives aux satellites et aux comètes.

Les satellites sont des astres qui tournent autour de certaines planètes, comme celles-ci elles-mêmes tournent autour du Soleil. Le plus connu de tous est celui de la Terre : la Lune. Mars en a deux, Jupiter quatre, Saturne huit ac-

font parcourir dans l'espace une courbe extrêmement compliquée. Ces mouvements, considérés chacun à part, sont les suivants :

1° Mouvement autour du Soleil en 365 jours 1/4 ;

2° Rotation de la Terre sur elle-même en 24 heures ;

3° Mouvement de la ligne des pôles terrestres. Cette ligne tourne autour de l'axe du monde en décrivant un cône dans un temps égal à 25,800 ans environ. De là ce qu'on appelle la précession des équinoxes. Dans 12,000 ans, ce sera la brillante étoile de la Lyre qui sera au pôle, comme elle l'était il y a 14,000 ans environ ;

4° L'action de la Lune sur la Terre fait décrire à l'axe du monde de petites ellipses dans un espace de 18 années... C'est là ce qu'on appelle le phénomène de nutation ;

5° L'inclinaison de l'orbite terrestre varie : elle diminue actuellement, pour croître dans les siècles à venir... On désigne ce phénomène sous le nom d'obliquité de l'écliptique ;

6° Variation de l'excentricité ;

7° Variation du périhélie : elle donne lieu à une période de 21,000 ans. En 4000 avant notre ère, la Terre s'y trouvait le 21 septembre, elle s'y retrouvera à la même époque en l'an 17000 ;

8° L'attraction *simultanée* et *variable* de toutes les planètes dérange enfin tous ces mouvements ;

9° Le déplacement du centre de gravité du Soleil déplace le foyer géométrique de l'ellipse que décrit la Terre autour du Soleil, et par suite, modifie la courbe en déplaçant le centre de la révolution annuelle ;

10° Le Soleil se meut dans l'espace *comme s'il était attiré* par un corps céleste, un soleil inconnu. Il monte en effet, avec tout son cortège de planètes, vers la constellation d'Hercules ;

11° Nous ajouterons à tous ces mouvements connus ceux que nous ne pouvons connaître actuellement et qui sont le résultat d'actions sidérales inconnues.

compagnés de deux anneaux qui l'enveloppent à l'équateur ; Uranus, enfin, en a six (d'après Herschell), et Neptune un seul.

Quant aux comètes, ce sont des astres de forme bien connue dont la partie antérieure, constituée par un noyau lumineux, est accompagnée d'une queue ou chevelure. Cette dernière, le plus souvent, disposée du côté du noyau opposé du Soleil, est constituée, sans nul doute, par une matière gazeuse très raréfiée dans laquelle l'analyse spectrale décèle la présence du gaz oléflant, combinaison de carbone et d'hydrogène.

Cette chevelure paraît se développer sous l'influence des radiations solaires et acquiert sa dimension la plus grande, après le passage au périhélie, ou point de son orbite le plus rapproché du Soleil. Elle est transparente, lumineuse par elle-même et par réflexion.

Les comètes sont, de plus, caractérisées par une orbite très allongée et par une inclinaison en général assez grande sur le plan de l'écliptique. C'est ainsi que la comète périodique de Pons-Brooks, dont la révolution sidérale est de 71 ans 6 mois environ, possède une inclinaison de 74 degrés.

Les comètes, enfin, sont animées, les unes d'un mouvement direct de l'ouest à l'est : celui des planètes ; les autres d'un mouvement rétrograde ou de sens inverse.

Les dernières ont cela de commun avec les satellites d'Uranus, lesquels, inclinés de 98° environ sur l'écliptique, se meuvent en sens contraire de la planète elle-même ; c'est-à-dire d'Orient en Occident.

Ces comètes éprouvent des perturbations assez grandes parfois, et qui proviennent soit de *l'influence* des planètes dans le voisinage desquelles elles passent, soit de la résistance du milieu ambiant.

Parfois, aussi, elles se morcellent ; leurs débris continuant à se mouvoir sensiblement dans l'orbite primitive, comme les éclats d'un obus décrivent la trajectoire même du projectile, à peu de chose près du moins.

De là, à de certaines époques, les essaims d'étoiles filantes, les pluies de météores. C'est ainsi que plusieurs astronomes, dont MM. Weiss et d'Arrest, ont pu constater que
les étoiles filantes, observées vers la fin de novembre et le
commencement de décembre, provenaient de la comète de
Biela qui, dans son nœud descendant se rapproche, vers cette
époque à 1,600,000 kilomètres environ de l'orbite terrestre.

Schiaparelli, l'auteur de la théorie concernant la relation
qui existe entre les comètes et les étoiles filantes, a montré,
lui aussi, l'identité de l'essaim du 10 août signalé depuis l'an
830, avec l'orbite de la comète 1862.

« D'après Schiaparelli, la zone céleste renfermant la trajectoire de la comète est peuplée de corpuscules provenant
de la désagrégation de l'astre, et la Terre la rencontrant le
10 août, il en résulte les chutes de météores observées an-
nuellement... Ces chutes de météores doivent être surtout
abondantes aux époques où la comète passe au périhélie,
c'est-à-dire tous les 120 ans environ » (Annuaire du Bureau
des Longitudes). (Voir le Supplément.)

Quand nous aurons signalé les planètes, leurs satellites,
les comètes, leurs mouvements, la forme et la disposition de
leurs trajectoires dans l'espace, nous n'aurons pas encore
donné une idée entière de notre seul système solaire, immense par *rapport à nous*, insignifiant en réalité dans l'accumulation des mondes et des espaces.

Tout ce que nous pouvons espérer tirer de plus profitable
comme enseignement de cette contemplation minutieuse des
multiples phénomènes de mouvement, c'est l'intime persua-
sion, qu'il nous faut toujours redresser les perspectives des
choses que nous avons sous les yeux et dont nous n'avons
nullement, et de prime abord, une idée *exacte*.

.

V

Notre monde solaire est certes déjà bien grand ! Que serait-ce, si nous le considérions par rapport aux infiniment petits dont il se compose et qui sont, sans nul doute, des infiniment grands, par rapport à d'autres plus petits encore ?

Et cependant il existe, ce monde des invisibles ! il possède une réalité quoiqu'il ne nous soit pas *immédiatement et analytiquement* perceptible !

Qu'est-ce que la lumière zodiacale (Voir le Supplément.) qui enveloppe le soleil, sinon l'effet de la radiation d'une immensité de corpuscules qui se meuvent autour de lui, obéissant aux mêmes lois que les planètes.

Quels sont donc ces messagers rapides de la chaleur rayonnante, obscure ou lumineuse qui nous apportent ces multiples effluves vivifiantes, sans lesquelles la Terre ne serait qu'un astre mort ? Quels sont-ils ces éléments de la *matière éthérée,* qui nous apportent la lumière avec une vitesse de 300,000 kilomètres à la seconde et qui oscillent autour de leur position d'équilibre, 500 trillions de fois dans une seconde — dans une lumière rouge — 700 trillions de fois pour la lumière violette. Et ces écarts maxima qui sont, pour la planète Neptune, de plus de 9 milliards de kilomètres, quels sont-ils ici, pour ces planètes de l'infiniment petit ? *un demi-millième* de millimètre environ ?

L'homme qui juge de toutes choses, en les rapportant à celles qui lui tombent le plus habituellement sous les sens, et en les rapportant souvent aussi à lui-même, l'homme a peine à concevoir de semblables différences qu'il est tenté de qualifier d'impossibilités.

Aussi écoute-il plus volontiers les conceptions anthropomorphiques ou religieuses : fruit, le plus souvent, d'une imagination en délire, assemblant au hasard les idées, les images les plus disparates. De là, ces êtres fantastiques, dont l'art et la littérature nous ont transmis le souvenir, ces génies ayant forme humaine ou quelque chose d'approchant, et qui jadis étaient, pour l'homme, les moteurs de toutes choses, les contre-maîtres des dieux et des diables !

. . . .

Nous venons de comparer le système solaire aux infiniment petits qui le composent ! Que sera-ce donc si nous le mettons en présence de cette accumulation de plus de 100 millions d'étoiles ou *soleils* visibles au téléscope ? et au delà desquelles il y a certainement d'autres étoiles en nombre infini, perdues dans les infinies profondeurs.

Car celles que nous voyons au ciel, dans les belles nuits d'été, sont loin d'être les seules. Il y a celles que l'on ne voit qu'au téléscope, celles aussi de la voie lactée, dans laquelle se trouve compris notre système solaire, et puis... d'autres encore !

Aussi dirons-nous avec l'astronome-poète Flammarion : « Combien les découvertes télescopiques et les études mi-
« crométriques de l'astronomie sidérale n'ont-elles pas trans-
« formé la notion de l'univers depuis trois siècles !

« Si les étoiles voisines planent à des dizaines, à des cen-
« taines de trillions de lieues d'ici, c'est à des quatrillons,
« à des quintillons, à des millions de milliards de milliards
« de lieues que gisent la plupart des étoiles visibles au ciel,
« dans les champs télescopiques. Quels soleils ! Quelles splen-
« deurs ! La lumière nous arrive de pareilles distances ! Et
« ce sont ces lointains soleils que l'orgueil humain préten-
« dait faire graviter autour de notre *atome!* Et c'est pour

« nos yeux que l'ancienne théologie déclarait créées ces
« lumières *invisibles sans le télescope!* Et c'est parce que
« le philosophe astronome Jordano Bruno soupçonnait ces
« lointains soleils d'être les centres d'autres univers, que l'In-
« quisition l'a fait brûler vif à Rome devant le peuple terrifié !
« Et c'est parce que Galilée persistait à soutenir que notre
« planète est soumise au Soleil et que cet astre n'est lui-
« même qu'une étoile perdue dans l'infini que cette même
« Inquisition lui ordonna de s'agenouiller devant les Evangiles
« (Eglise de la Minerve à Rome, 22 juin 1633) et d'abjurer
« la vérité connue par sa conscience... Le pape Urbain VIII
« et les cardinaux ont beau faire :

    « La Terre, nuit et jour, a sa marche fidèle,
    « Emporte Galilée et son juge avec elle. »

VI

Maintenant que nous avons une vue d'ensemble, sinon sur tous les mouvements qui sont dans la nature, au moins sur les plus ordinaires et sur ceux des corps célestes en général, il convient de remonter à la source, c'est-à-dire à ces causes qui font qu'ils sont plus ou moins rapides, qui leur donnent leurs *formes* caractéristiques, leur trajectoire — si l'on veut — qui leur font éprouver enfin ces perturbations, ces variations que l'on connaît, quant à la *vitesse*, quant à la *forme*.

Ces causes ne sont autres que ce que l'on désigne sous le nom de *forces*.

L'idée de force, qui peut-être un jour disparaîtra de la mécanique, bien qu'elle soit aujourd'hui très commode quant au langage, à la facilité de l'exposition, à l'agencement des calculs, cette idée est surtout le résultat de l'observation ordinaire et quotidienne, sans la connaissance des modes divers de distribution, de manifestation des *énergies multiples* contenues dans la nature.

L'unité de force étant le kilogramme, par exemple, nous apprécions la force d'un moteur, animé ou inanimé, par le nombre de kilogrammes qu'il peut soulever, mais il est bien évident qu'elles n'est alors qu'une *manifestation spéciale* de l'énergie contenue dans le moteur. Celui-ci, en effet, peut dépenser cette énergie qui est en lui, en plus ou moins de temps, et d'une façon régulière. S'il la dépense tout entière en une heure, il apparaîtra deux fois *plus fort* que s'il la dépense en deux, mais le résultat final est le même.

Dans ce cas, la répartition de l'énergie s'est faite par rap-

port au temps ; il en est d'autres où elle se fait par rapport à
l'espace.

Le manœuvre, qui ne peut soulever qu'un fardeau de
100 kilogs, en soulèvera un de 1,000 à l'aide d'un levier,
mais alors, l'énergie qu'il a mise en œuvre d'un côté s'est répartie dans un déplacement d'une extrémité du levier, 10 fois
plus grand que celui de l'autre.

Il semble avoir créé de la force, mais il n'a pas créé une
énergie nouvelle.

Il en est de même dans la presse hydraulique, dans l'expérience du tonneau de Pascal où l'on voit la pression d'un
kilogramme d'eau déterminer une pression de 10,000 kilos,
par exemple.

Dans chacun de ces cas, et particulièrement dans celui
d'un moteur animé, on voit l'intervention d'une sorte de
demi réalité, absolument indécise, — comme contours, —
et qu'on appelle la Force, émanation de l'Etre suprême.

Je n'en dis pas davantage, car j'entends d'ici « *l'horresco
referens* » des imbéciles et des intéressés !

C'est bien autre chose encore, lorsqu'il s'agit d'entendre
ces *forces multiples* qui président à la formation, à la vie
des organismes : c'est évidemment un Dieu moteur, fait à
l'image de l'homme, quoique invisible, qui les symbolise
toutes.

Au fond de toutes ces conceptions on retrouve, en un mot,
et toujours de l'anthropomorphisme.

Mais, si l'on ne voit dans les mouvements que des impulsions, des chocs, ou, si l'on veut encore, des échanges de
mouvements, l'idée que l'on a du mode de production des
phénomènes devient tout autre.

Nous citerons à ce propos l'abbé Moigno : « Comment
l'impondérable peut-il donner naissance au pondérable ?
C'est la question que l'on m'adresse de différents côtés. Beaucoup, hélas ! se sont empressés de la résoudre par la négative,
et cet empressement prouve trop combien les esprits ont été
poussés par l'emploi inconsidéré et abusif de grands mots

vides de sens : attraction, pesanteur, par lesquels on a réussi à transformer en réalités ou en forces réelles des forces purement idéales ou *explicatives*, comme les définissait le grand Ampère.

Pour l'abbé Moigno « l'attraction et la pesanteur sont « des effets de l'impulsion dont la cause réside essentielle-« ment, comme toutes les forces de la nature matérielle, « dans le mouvement vibratoire des atomes de l'éther. »

Si cette opinion n'est pas précisément celle du vulgaire, elle est au moins celle de tous les savants d'aujourd'hui, et si nous avons tenu spécialement à citer celle de l'abbé Moigno, c'est surtout afin de communiquer à ces lignes un léger parfum d'orthodoxie qui leur fait parfois défaut.

Ces quelques explications données, nous complèterons par quelques notions de mécanique élémentaire destinées à fournir les éléments de connaissance indispensables quant aux développements ultérieurs.

. . . .

Tout d'abord, une force étant susceptible de plus ou moins, est susceptible aussi de mesure. L'unité adoptée est le kilogramme ou ses dérivés : le gramme, par exemple.

Par définition, les forces étant des causes de mouvement, si on applique à un même corps des forces désignées par F, F', F'' et représentant des *poids*, ce corps prendra des *accélérations* différentes représentées par W, W', W''.

Si un corps tombe en chute libre, il acquiert au bout de l'unité de temps, une seconde, une accélération $g = 9$ m. 80. Son mouvement s'est, en effet, accéléré et sa vitesse, nulle au commencement de sa chute, a augmenté d'instant en instant pendant une seconde, pour devenir égale à 9 m. 80.

Lorsque le corps possède un mouvement uniforme, c'est-à-dire parcourt des espaces égaux dans des temps égaux, on peut définir simplement la vitesse : l'espace parcouru pendant une seconde.

Dans le cas où le mouvement varie à chaque instant, la

vitesse ne peut plus se définir de la même façon. Pour éviter de donner au lecteur la définition, en usage dans la mécanique rationnelle, nous le prierons de prêter un peu d'attention aux observations qui suivent.

Lorsque la force qui produit le mouvement cesse d'agir le corps ne s'arrête pas, comme on le pourrait croire, mais il possède, à partir de cet instant, un mouvement uniforme, c'est-à-dire qu'il parcourt des espaces égaux en des temps égaux : ce qui n'avait pas lieu auparavant. L'espace qu'il parcourt alors en une seconde représente en mètres, par exemple, sa vitesse au moment où la force cesse d'agir sur lui.

Si son action cesse au bout d'une seconde, le corps ayant été au repos tout d'abord, la vitesse trouvée porte le nom d'accélération. Ainsi le corps qui tombe passe, en une seconde, de la vitesse 0 à la vitesse 9 mètres 8 et l'accélération de son mouvement a été de 9 mètres 8.

Si la force cesse d'agir au bout de deux, trois, quatre... secondes, la vitesse acquise par le corps est double, triple, quadruple... de la première. Il en résulte qu'elle a augmenté, qu'elle s'est trouvée accélérée dans la deuxième, la troisième, la quatrième seconde de la même quantité que dans la première.

La cause ou la force restant la même, l'effet ou accélération ne varie pas.

Etant données deux forces F₁ F′ appliquées à deux corps ou mobiles *identiques de toutes façons,* la première donne une accélération W ; la seconde une accélération W′. Si F′ est le triple de F par exemple, son accélération W′ est le triple de W, si $F' = n\,F$ d'une façon générale, on a aussi pour W′ $W' = n\,W$.

En mécanique, on exprime ce rapport, en disant que les forces sont proportionnelles aux accélérations qu'elles impriment à un même mobile, ce qui conduit à la relation :

$$\frac{F}{F'} = \frac{W}{W'}$$

Cette dernière peut s'écrire : $\frac{F}{W} = \frac{F'}{W'}$ Ce qui signifie qu'il y a entre les forces et les accélérations un rapport constant : c'est ce qu'on appelle en mécanique la *masse* du corps.

Cette quantité qui reste toujours la même, alors que varient les forces et les accélérations, n'est autre chose que la représentation mathématique de la *substance* du corps, somme de *substances*.

. . . .

Nous avons supposé, précédemment, que la force qui agit sur un corps conserve la même valeur, pendant toute la durée du mouvement qu'elle détermine.

Il n'en est pas toujours ainsi ! La force elle-même peut varier et prendre des valeurs très différentes aux divers points de la trajectoire parcourue par le mobile qu'elle sollicite.

Si, par exemple, l'on écarte de la position verticale une tige d'acier encastrée dans un étau, la force qui tend à la ramener dans sa position première est d'autant plus grande que l'écart est plus grand lui-même.

C'est ce que l'on peut vérifier, d'une façon générale au moins, quand on cherche à plier une tige d'acier de dimensions suffisantes. Il arrive un instant où l'écart atteint son maximum. On ne saurait le dépasser ; mais, dans l'intervalle, on a pu constater une *résistance* croissante, c'est-à-dire une force égale et directement opposée à la traction.

Cette force qui tend à ramener la tige dans la position verticale a reçu, en mécanique, le nom d'*élasticité ; elle varie proportionnellement à l'écart du point de la tige qui se trouve déplacé.*

La question de détermination, dans ce cas, de l'accélération, présente en soi une certaine complexité, par le détail de laquelle il ne convient pas de fatiguer le lecteur.

Tout ce que nous lui en ferons connaître, c'est que si l'on partage l'intervalle d'une seconde en un nombre suffisamment grand d'intervalles, en un nombre infini, suivant l'expression adoptée, on obtient dans chacun de ces intervalles extrêmement courts, des accélérations extrêmement petites et *décroissantes* lorsqu'on les considère chacune séparément, mais dont la somme s'accroît si on les ajoute l'une à l'autre pour avoir la vitesse.

Des mises décroissantes de un franc, par exemple, à partir de dix francs, représentent chacune séparément des nombres 10, 9, 8...., 3, 2, 1, mais, réunies toutes ensemble, une somme de cinquante-cinq francs, alors que dix mises de dix francs, autrement dit des accélérations égales, représenteraient une somme de cent francs.

Dix mises égales représenteraient l'effet produit par *dix forces égales ;* dix mises décroissantes, l'effet produit par dix forces décroissantes.

Dans ces deux cas, la vitesse, à un instant donné, trouve sa représentation dans la figure suivante :

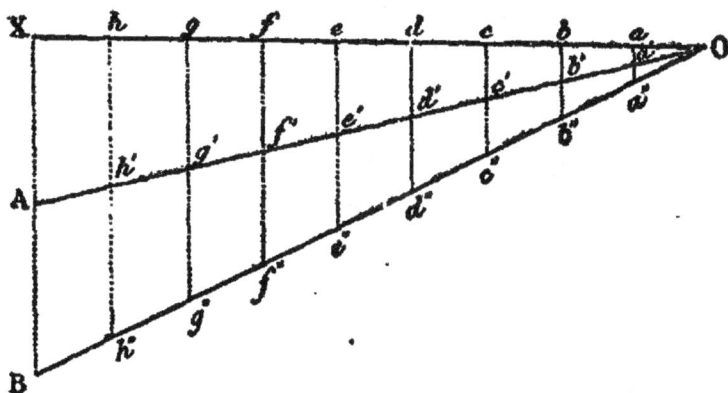

Pour la bien comprendre, le lecteur n'aura qu'à supposer O X comme étant l'écart de la tige d'acier, *aa″ bb″ cc″...* *hh″,* X B, comme étant les *vitesses* successives de l'extrémité de la tige dans le cas où la force est constante, et cela aux points *a b c... h,* X par lesquels passe la tige dans son déplacement.

aa' bb' cc'... hh', X A représentent au contraire les vitesses réelles.

Ce cas dont nous venons de parler n'est pas le seul que nous ayons à signaler.

Beaucoup de forces qui agissent dans la nature, et que l'on pourrait presque désigner sous le nom d'*occultes,* en ce sens que nous n'en connaissons pas encore précisément la source, beaucoup de forces agissent en obéissant à la loi de l'inverse du carré des distances.

Elles semblent, comme on dit, provenir d'un centre. Supposons, pour plus de commodité, qu'à la distance de 1 mètre, l'une d'elles exerce une attraction, par exemple, de 1 kilogramme ; à 2 mètres elle sera de $\frac{1}{4}$ de kil. $\left(\frac{1}{2^2}\right)$; à 3 mètres $\frac{1}{9}$ de kil. $\left(\frac{1}{3^2}\right)$; à n mètres de $\frac{1}{n^2}$ kil. $\left(\frac{1}{n^2}\right)$...

Nous n'en voulons pas dire davantage sur ce sujet, les questions de mécanique étant, de leur nature, assez complexes, quand on veut aller jusqu'au fond des choses et analyser le détail des phénomènes dans les corps en mouvement.

Ce que nous avons voulu faire ressortir c'est que ce qu'on appelle la force n'est pas nécessairement constant. Dans la réalité même, nous pouvons dire qu'elle ne nous apparaît constante que parce que nous négligeons les variations dans les limites où nous opérons : telle est la pesanteur ! Perdre ou gagner un sou sur cent mille francs n'est-ce pas comme si on n'avait rien gagné ou perdu ?

. . . .

Dans les lignes qui précèdent nous avons tâché de donner une idée, aussi simple qu'il est possible, de la force, de ses effets, de ses variations, mais — nous le répétons — l'idée de force, si elle est parfois commode en mécanique, représente *en soi* une idée malheureuse à plusieurs points de vue.

Elle possède en elle-même, tout d'abord, une signification trop *anthropomorphique,* pour qu'il ne soit pas indispensable de s'en débarrasser le plus tôt possible. Certes, le temps n'est pas encore venu de n'en plus faire usage dans la pratique de la mécanique, car il est extrêmement difficile de purger son esprit des procédés qui nous ont permis d'acquérir nos connaissances, procédés *commodes* sans doute, mais sans aucune *valeur absolue* quelquefois.

L'idée de force, en outre de l'inconvénient de son origine anthropomorphique trop accusée, présente celui d'être par elle-même insuffisante, dans l'étude la plus générale des choses de la mécanique, lorsqu'on les considère dans le rapport qu'elles ont avec les choses de la physique, par exemple. Il y a plus! elle ne s'adapte nullement à la conception toute moderne de l'origine des phénomènes.

On supplée, il est vrai, à son insuffisance en la complétant par l'idée du travail que l'on définit en mécanique : « *Le produit de la force par le chemin parcouru.* »

La force est représentée en kilogramme par un certain nombre; le chemin parcouru par le mobile, en mètres, par un autre nombre. Le produit des deux donne, en *kilogrammètres*, le travail effectué.

Cette conception déjà se rapproche davantage de la réalité, mais elle se trouve malheureusement reliée et *par définition* à celle de la force elle-même.

On comprend assez aisément en quoi les deux diffèrent! Prenons un exemple :

Deux portefaix ont à transporter des sacs de même poids à une distance déterminée. L'un d'eux en transporte vingt, l'autre quarante; en toute justice ne devons-nous pas reconnaître que celui qui en a transporté deux fois plus que l'autre, doit être aussi rémunéré deux fois plus, comme ayant fourni plus de besogne, un travail plus considérable?

A quoi cependant reconnaissons-nous leur force? Au poids des sacs qu'ils ont à transporter? Ils peuvent d'ailleurs les transporter tous deux également vite, mais l'un d'eux n'en peut transporter que vingt en tout, après quoi il se trouve absolument épuisé, incapable d'en porter un de plus.

Il y a donc une distinction absolue à faire entre les deux idées de *force* et de *travail ;* on peut les relier entre elles par une sorte de trait d'union pour la commodité du calcul en mécanique : cela, en faisant intervenir l'espace parcouru. Et pour bien mettre en évidence la différence qu'il y a entre la force et le travail, au moins auprès de ceux qui n'ont pas le loisir de s'occuper de mécanique, nous dirons d'abord et de façon générale, rappelant dailleurs ce que nous avons déjà dit au commencement de ce chapitre, qu'en mettant en œuvre une force donnée, on peut développer une force beaucoup plus considérable, tandis qu'en dépensant une quantité déterminée de travail, on ne saurait jamais produire un travail plus considérable que celui que l'on a dépensé soi-même.

Ainsi, par exemple, dans la presse hydraulique on peut développer une pression de plusieurs milliers de kilogrammes en exerçant sur un levier une pression de 1 kilogramme ; dans l'expérience du tonneau de Pascal, avec 1 kilogramme d'eau, on peut exercer sur les parois du tonneau une pression de 10,000 kilogrammes. Il suffit pour cela de pratiquer dans la partie supérieure du tonneau une ouverture dans laquelle on fixe un tube de 10 mètres de hauteur par exemple et de 1 centimètre carré de section, la section du tonneau étant 10,000 fois plus grande ou de 1 mètre carré. Le tonneau étant plein, si l'on verse de l'eau jusqu'en haut du tube, c'est-à-dire 1 kilogramme, les parois cèdent sous la pression énorme qui se trouve subitement développée, et qui est de 10,000 kilogrammes par mètre carré.

Avec un levier, enfin, on peut, en faisant un effort de 20 kilogrammes, soulever une pierre de 200, 400 kilogrammes ; il ne faut, pour cela, que placer convenablement le point d'appui.

On a créé *en apparence* de la force dans ces différents cas. A-t-on créé du travail? non.

Un exemple : On a un levier de 2 mètres de longueur; son point d'appui se trouve placé à 20 centimètres de l'extrémité sur laquelle repose une pierre pesant 200 kilogrammes. Cette pierre a été soulevée de 10 centimètres; cela représente un travail de 20 kilogrammètres

$$200 \times 0,1 = 20$$

Pour y arriver, il a fallu exercer sur l'autre extrémité une pression de 20 kilogrammes, le déplacement ayant été de 1 mètre. Quel est le travail effectué de ce côté?

$$20 \times 1 = 20 \text{ kilogrammètres}$$

exactement le même que le premier.

Etant donnée la définition même du travail, on conçoit que si les chemins parcourus diminuent dans la proportion de 10 à 1, les forces augmentent dans la proportion de 1 à 10; autrement dit, pour nous servir d'une formule généralement adoptée : « Ce que l'on gagne en force on le perd en chemin parcouru. »

Quoique cette manière d'entendre les choses puisse, comme nous l'avons dit, présenter certains avantages pour ceux qui s'occupent de mécanique, nous préférons ici ne nous appuyer que sur la notion de la *force vive*.

On désigne sous ce nom, en mécanique, le produit de la masse d'un corps par le carré de sa vitesse, à savoir : MV^2.

La force vive a, sur toute autre représentation, le très grand avantage de ne comprendre que deux éléments qui ne sont jamais séparés, la substance même du corps — c'est-à-dire sa masse, — et son mouvement, et de conduire à la détermination du travail lorsqu'on s'appuie sur ce principe que « le travail effectué pendant une variation est égal à la demi-différence ou demi-variation des forces vives, »

$$T = \tfrac{1}{2} \left(MV^2 - MV'^2 \right)$$

est l'expression de ce fait.

(T représente ici le travail; M la masse du corps; V V' deux vitesses différentes.)

Cette relation semble parfois n'être pas vérifiée; ainsi quand un marteau fait s'enfoncer un clou, il arrive un instant où la tête de ce dernier arrêtant son mouvement, la force vive du marteau s'annule sans paraître produire aucun effet. Mais on peut constater alors l'apparition d'un phénomène nouveau : la tête du clou s'échauffe.

A quoi cela tient-il?

A ce que la force vive mise en œuvre, dans le coup de marteau, s'est répartie entre les particules du fer, pour produire un effet perceptible, non plus par le sens de la vue, mais par celui du toucher : un effet calorifique.

De même que dans le domaine social circulent et s'échangent les richesses, de même dans le domaine physique circulent et s'échangent les forces vives!

Les unes et les autres produisent les effets les plus divers suivant la façon dont elles s'échangent, la nature des systèmes ou organismes, leur disposition intérieure, extérieure même, leur état dynamique, etc.

De là, ces aspects différents sous lesquels se manifeste à nous ce roulement continu de toutes les énergies naturelles! De là, cette complexité des phénomènes, laquelle constitue, pour l'observateur, le plus grand des obstacles, quand il veut remonter à la cause première, à la cause unique de ces multiples spectacles qui se déroulent sous ses yeux.

Qu'y a-t-il sous toutes ces apparences diverses, par lesquelles ils se font connaître à nous? du mouvement, uniquement du mouvement, éternel comme les *substances* et ne s'en séparant jamais, les faisant se grouper, se constituer de toutes façons pour donner naissance à de la matière, à des organismes plus ou moins durables.

Ce sont ces lois du mouvement qu'il convient de dégager, et pour cela nous aborderons immédiatement les questions relatives à l'atomisme.

VII

On a dit parfois que les astres qui peuplent l'immensité étaient les atomes de l'infini.

Abstraction faite de la signification philosophique et étymologique de ce mot atome, nous le prendrons uniquement avec le sens qu'on lui attribue en *chimie*. Ce dernier n'est autre, dans la réalité, que celui qui résulte d'une comparaison, parfaitement juste dailleurs, avec les étoiles ou les planètes.

Les atomes ne seront donc, pour nous, que les astres de l'infiniment petit, ce qui aura surtout pour avantage, ce nous semble, de bien préciser notre manière de voir et de la rendre plus accessible au lecteur.

Ils sont les analogues de la *Terre* qui, pour un observateur placé sur la surface de la planète *Mars*, par exemple, constituerait une masse, en apparence homogène, dont il ne lui serait pas possible d'opérer la fragmentation à l'aide de ses faibles moyens. La Terre, pour cet observateur, ne saurait, au moins de façon immédiate, constituer autre chose qu'un point lumineux dans l'espace. Rien, de prime abord, ne viendrait déceler à sa surface l'existence d'une atmosphère, des mers et des fleuves ; rien, en un mot, ne laisserait deviner, à 80 millions de kilomètres de nous, la présence de ces éléments divers, solides, liquides ou gazeux que nous connaissons très bien pour les voir de près et pour les avoir soumis à nos observations, à nos recherches.

« Ce n'est pas tout ! Dans la matière terrestre, un chi-
« miste peut isoler un certain nombre de corps simples,
« formant, lorsqu'ils sont combinés les uns avec les autres,
« les composés les plus divers (1). »

Prenons un morceau de terre arable ! Combien de substances n'y trouvons-nous pas ? Des sels de potasse, de
chaux, de magnésie, du silicate d'alumine, de la silice, de
l'oxyde de fer, etc...

Tous ces corps diffèrent entre eux ; nous pouvons les
isoler par les procédés dont dispose l'analyse chimique ; mais
il y a plus ! Isolés, nous pouvons les décomposer à leur tour
et en tirer d'autres que nous appelons des corps simples.

Le nombre de ces derniers, connus jusqu'ici, est d'environ
quatre-vingts.

Nous citerons seulement les plus abondamment répandus
et aussi les plus connus.

Arsenic, azote, bore, brôme, carbone, chlore, fluor, hydrogène, iode, oxygène, phosphore, sélénium, silicium, soufre.

Aluminium, antimoine, argent, baryum, bismuth, calcium,
chrôme, cobalt, cuivre, étain, fer, magnésium, mercure,
nickel, or, platine, plomb, potassium, sodium, zinc.

Deux, trois, quatre au plus, de ces corps combinés entre
eux, peuvent donner, on le conçoit, naissance aux composés
les plus divers : c'est ainsi que le carbone, l'hydrogène,
l'oxygène, l'azote forment, à eux seuls, une multitude de
corps qui sont tous du domaine de la chimie organique.

L'objet de la chimie est précisément de les faire se séparer
pour les étudier isolément, ou les rendre plus propres à être
employés dans la confection d'objets usuels, ou bien encore
de les faire se combiner pour en faire des *utilités* nouvelles.

Comme il n'entre pas précisément dans le cadre de ce
premier volume d'aborder dans le détail les questions scientifiques, nous prendrons, pour faciliter au lecteur l'entente
des données de la chimie *atomique* moderne, quelques

(1) Marcellin Langlois. *Introduction à la philosophie atomistique.*

exemples assez simples pour ne pas lui laisser de confusion dans l'esprit.

Soit l'eau, tout d'abord !

D'un verre de ce liquide on peut extraire une goutte et diviser cette dernière en d'autres plus petites : celles-ci constituent encore de l'eau. Mais que, par la pensée, on imagine la plus petite masse d'eau qui puisse exister et qu'on ne puisse diviser, cette fois, sans qu'elle cesse d'être telle ! on aura ce qu'on désigne sous le nom de *molécule*.

L'eau étant le résultat de la combinaison de deux gaz — l'hydrogène et l'oxygène — étant susceptible, dailleurs, de les fournir par sa décomposition, sa molécule doit en renfermer les éléments !

On les y trouve en effet et ce sont leurs *atomes* qui la constituent : deux d'hydrogène et un d'oxygène. Ceux-ci ne sont autres, nous le répétons, que des planètes en miniature : les deux atomes d'hydrogène et celui d'oxygène étant justement ici, comme *masses*, l'analogue de deux *Terres* et d'une planète telle que *Neptune*. Soit une molécule plus complexe, celle de l'alcool, par exemple. Elle constitue la *plus petite partie* de ce corps qui puisse exister en tant qu'alcool et se compose de deux atomes de carbone, six d'hydrogène, un d'oxygène.

Ces atomes sont animés de mouvements divers et disposés de certaine façon, les uns par rapport aux autres ; mais nous n'avons pas, pour l'instant, à nous en occuper ; ce qu'il convient seulement de remarquer c'est que les molécules forment un tout dont les parties constituantes ne sont autres que les atomes.

D'après une théorie récente, ces molécules sphériques, dans le cas des liquides et des gaz, ellipsoïdales dans beaucoup de cas, lorsqu'il s'agit de corps solides, ces molécules, disons-nous, seraient simplement le lieu géométrique du mouvement des atomes, et disposées, les unes par rapport aux autres, de la même façon que des boulets en pile.

Elles seraient alors, sinon quelque chose d'identique à notre système solaire, du moins quelque chose d'analogue.

Enfin, pour compléter leur physionomie, nous pouvons ajouter que, dans une masse, liquide ou gazeuse, elles constituent les premières individualités et les plus importantes, celles que l'analyse chimique doit atteindre lorsqu'il s'agit de déterminer la composition du corps.

Quant aux atomes qui les composent, ils ne sont pas, comme on le pourrait croire, toujours dissemblables, hétérogènes, il se peut parfaitement, au contraire, qu'ils soient identiques.

Ainsi la molécule d'oxygène ordinaire renferme deux atomes d'oxygène ; celle d'ozone en renferme trois.

Les molécules d'hydrogène, d'azote, de chlore, etc., renferment deux atomes de chacune de ces substances ; celle de mercure n'en renferme qu'un seul ; celles d'arsenic, de phosphore en renferment quatre, tous identiques. (Voir les figures ci-dessous.)

Figure donnant, d'après la théorie de l'auteur, une idée du groupement des molécules sphériques gazeuses, par exemple dans un plan horizontal. On voit les trajectoires qui représentent la courbe décrite à un moment donné par les atomes. Les plans de ces trajectoires sont variables.

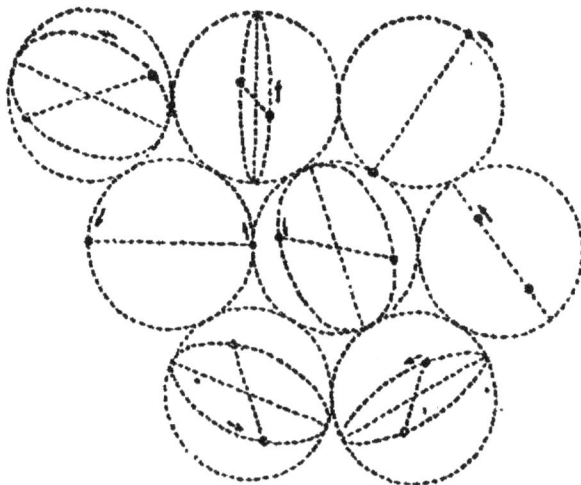

On peut supposer que ces molécules sont des molécules d'oxygène par exemple, à deux atomes. Ceux-ci sont représentés par des points sur la figure. Quant aux molécules dont les centres sont situés dans un même plan vertical, elles présentent le même aspect quand il s'agit des gaz et de certains liquides. Mais il peut y avoir des groupements différents dans les liquides et les solides. Tels sont les deux qui figurent au bas de la page 128.

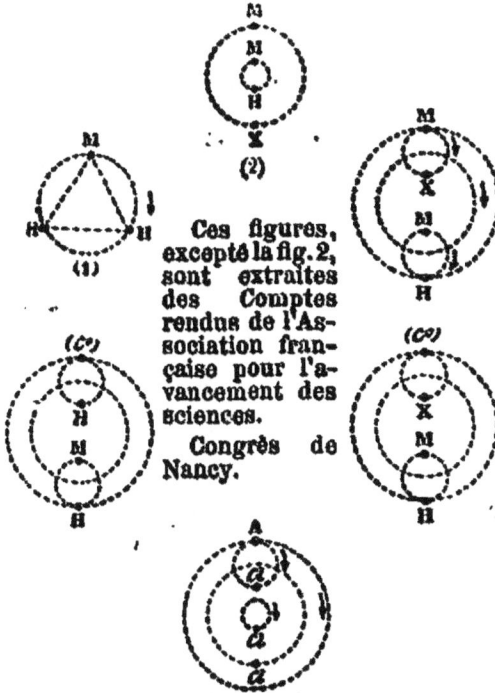

Ces figures, excepté la fig. 2, sont extraites des Comptes rendus de l'Association française pour l'avancement des sciences.

Congrès de Nancy.

La fig. 2 résulte d'une communication de l'auteur à l'Académie des sciences et au Congrès de Toulouse. (Association française pour l'avancement des sciences.)

Dans les fig. 3, 4, 5, 6, les circonférences enveloppes, c'est-à-dire les plus grandes, représentent une circonférence de grand cercle de la molécule totale.

M désigne CH^3 ou si l'on veut un atome *triple* (1 de carbone, 2 d'hydrogène); A désigne CH ou un atome double : 1 de carbone, 1 d'hydrogène; (CO) un atome double : 1 de carbone, 1 d'hydrogène; X ou (OH) un atome double : 1 d'hydrogène, 1 d'oxygène.

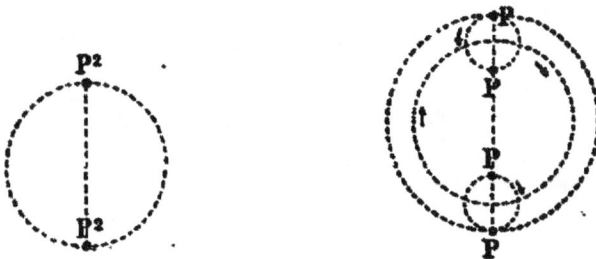

Molécule de Phosphore rouge.

Molécule de Phosphore blanc.

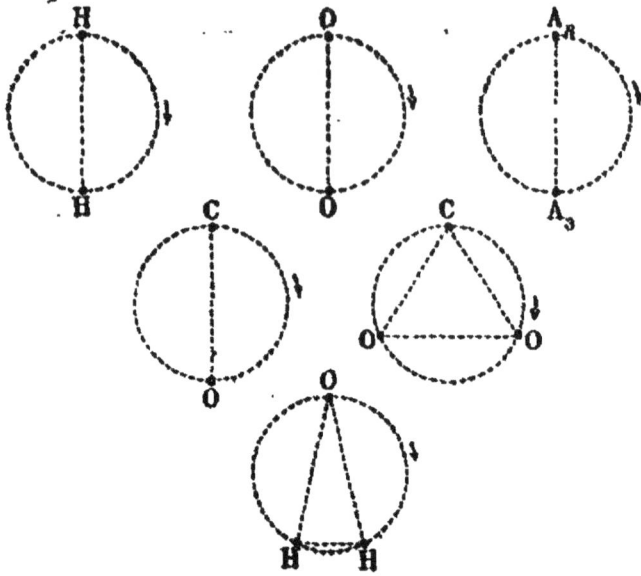

Types de molécules d'hydrogène, d'oxygène, d'azote, d'oxyde de carbone, d'acide carbonique et d'eau (en vapeur), d'après l'auteur.

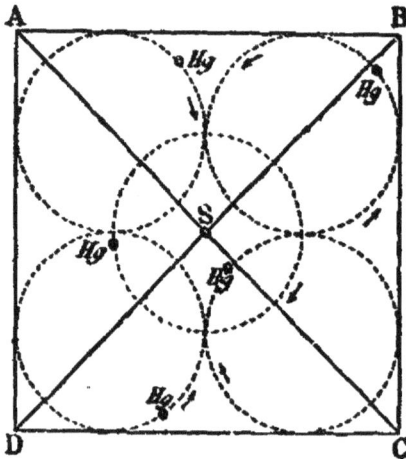

Mercure solide octoédrique. L'octoèdre est l'enveloppe de 6 molécules. L'atome de mercure H g est représenté par un point S sommet de l'octoèdre.

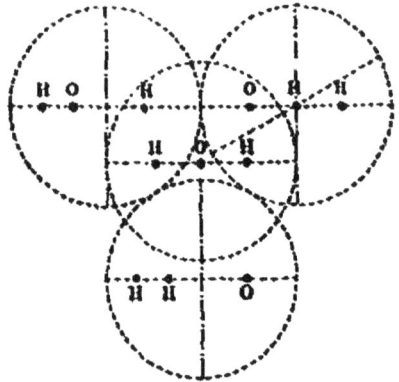

Groupement des molécules d'eau. Celles-ci s'attirent dans un plan horizontal. Les trajectoires sont contenues dans des plans verticaux : les lettres H H O représentent les atomes d'hydrogène et d'oxygène. Les lignes ----- représentent l'axe des molécules des lignes des pôles.

Si des molécules nous passons aux atomes, nous pouvons nous demander si ceux-ci sont identiques aux atomes de Newton, durs et impénétrables ?

« Dans la *matière atomique* de l'hydrogène, par « exemple, ne pourrait-on rencontrer des éléments divers « comme ceux qu'un chimiste peut isoler dans la matière « terrestre ? Ne pourrait-on, si nos moyens d'investigation « *directe* le permettaient, constater l'existence d'un noyau « solide, de nappes liquides, d'une atmosphère ?

« Ne pourrait-on voir encore, dans les phénomènes ther-« mochimiques, l'effet de changements d'état de la *matière* « *atomique* : solidification et fusion, condensation et vapo-« risation, combinaison et dissociation ? » (1)

Rien, en effet, n'autorise à croire que l'atome d'hydrogène en particulier, soit le terme de la connaissance relativement à la matière hydrogène !

L'explication des raies spectrales fournies par ce gaz, s'accommode très bien, au contraire, de l'hypothèse de l'existence dans l'atmosphère atomique, de quatre vapeurs distinctes au moins, donnant chacune, par radiation, sa raie caractéristique.

« La masse de ces vapeurs, pour aller plus loin encore, « peut être formée de molécules de *second ordre*; celles-« ci d'atomes du *second ordre*, et ainsi de suite, si l'ana-« logie se poursuit indéfiniment et si la matière elle-même « est indéfiniment divisible. »

Le lecteur se fera une idée de la signification de ces raies spectrales en se rappelant comment les cordes sont disposées dans un piano. Chacune d'elles ne donne, on le sait, qu'une seule note.

Dans l'atome d'hydrogène, les quatre substances composantes dont nous avons parlé seraient alors les analogues de quatre cordes vibrantes. Oscillant sous l'influence de la chaleur et de la lumière, elles donnent, non plus quatre notes

(1) Marcellin Langlois, *loco cit.*

sonores, mais quatre notes lumineuses : rouge, bleu verdâtre, indigo, violet, lesquelles sont observées dans un appareil destiné spécialement à cet usage : le spectroscope.

Lorsque la température s'élève, on conçoit aisément qu'il
puisse se produire des changements d'état, de plus en plus
nombreux, sur la surface de la planète hydrogène. N'est-ce
pas absolument comme si la Terre, par exemple, allait occuper la place de *Mercure* dans le système solaire ou même
se rapprochait encore davantage du soleil? Beaucoup de
substances, liquides ou solides même, passeraient alors à
l'état de vapeur.

Dans ce cas, évidemment, de nouveaux spectres, autrement dit de nouvelles raies brillantes, doivent apparaître
dans le spectroscope : c'est en effet ce que l'on peut constater pour le sodium. La raie jaune, caractéristique de ce métal
apparaît d'abord, puis, la température s'élevant, on en voit
apparaître d'autres, particulièrement des raies vertes.

En étudiant le spectre de fer à diverses températures,
le physicien anglais Lockyer a vu se produire des modifications qui semblent indiquer des changements d'état dans
la matière atomique de ce métal. Aussi a-t-il pu conclure
de ses recherches que le fer n'existait pas dans le noyau
du soleil, mais seulement ses éléments constituants.

Disons à ce propos qu'à part les métaux alcalins, potassium, sodium, lithium, les métaux ont en général un
spectre de raies assez compliqué, ce qui dénote, en se
plaçant à notre point de vue, une matière atomique composée d'éléments très nombreux (1).

. . . .

Si donc, nous considérons les atomes comme étant simplement des systèmes, ainsi qu'on dit en mécanique, nous
sommes naturellement, rationnellement conduits, lorsque

____

(1) L'étude approfondie de ces phénomènes sera l'objet de publications ultérieures, exclusivement physiques.

nous voulons aller au fond même des choses, à la conception de la *monade*, du point matériel, c'est-à-dire de ce quelque chose qui ne peut plus être divisé et dont l'ensemble constitue l'univers avec ses corps, ses phénomènes; ceux-ci résultant de rapprochements, de condensations à des degrés divers, et des mouvements multiples qui se produisent dans les systèmes, affectant aussi leur centre de figure ou de gravité.

Cette conception n'est autre que celle à laquelle arrivait Leibniz, grâce à ses travaux relatifs au calcul différentiel.

Correspond-elle à la réalité et pouvons-nous penser que réellement nous pouvons atteindre à l'infiniment petit, pour nous en servir dans le but d'arriver à la connaissance des choses ? L'infiniment petit n'est-il pas aussi inaccessible à nous que l'infiniment grand ?

L'argument de l'étendue que l'on a souvent invoqué pour affirmer que l'unité matérielle, quelle qu'elle soit, le véritable atome enfin, l'atome type, devait avoir des dimensions, cet argument est basé sur une illusion de l'entendement, quant à la réalité des choses.

« La notion d'étendue est, en effet, corrélative des « formes qui résultent du mouvement et du groupement « des monades. Ces formes ne sont autres que les formes « géométriques. »

« Quant à la notion d'espace, elle résulte de la notion de substance considérée en soi, indépendamment des formes qu'elle est susceptible de réaliser par le mouvement. » Il y a, comme je l'ai dit autre part, ce qui est substance et ce qui n'est pas substance : l'espace, comme il y a en mathématiques des quantités positives et des quantités négatives.

Les différentes explications formées plus haut sont peut-être un peu trop concises; elles demandent quelques explications.

Il y a, comme nous l'avons dit, dans l'entendement, une illusion complète, quant à l'idée que nous avons de la matière ; il nous apparaît comme impossible que la véritable unité matérielle, la monade, puisse être dépourvue de la propriété de l'étendue !

La cause de cette façon erronée de concevoir les choses est tout entière dans notre *organisation physiologique,* les idées n'étant pas nécessairement l'expression des réalités elles-mêmes, mais le plus souvent l'expression d'un simple rapport entre les choses du dehors et celle de notre organisme.

Qu'on observe, par exemple, deux étoiles dont la distance apparente soit inférieure à une valeur donnée et on n'en verra qu'*une seule !*

D'après Hooke, cette distance est de 30 secondes. Sur cent personnes, une à peine peut distinguer deux étoiles dont la distance apparente est de 60 secondes.

D'après Helmholtz, un angle visuel de :

$73''$ répond à une distance de $0^{mm},00526$
$63''$ —   — $0^{mm},00464$
$60''$ —   — $0^{mm},00438$

Or, il existe dans le fond de l'œil, un peu au-dessus de l'entrée du nerf optique et latéralement, une tache qui joue un rôle particulier dans la vision et qui porte le nom de tache jaune ou fovea; son diamètre vertical est de $3^{mm},24$, d'après Kölliker, son diamètre horizontal de $0^{mm},81$.

C'est dans cette région que se forme l'image rétinienne, analogue à celle qui se forme sur la plaque d'un appareil photographique.

La tache jaune renferme des cônes dont le diamètre, d'après Kölliker, est de $0^{mm},0045$ à $0^{mm},0054$; ces cônes sont les derniers éléments *sensibles* de la rétine.

L'image de deux points se forme-t-elle sur la section d'un seul? On ne voit qu'un seul point.

Pour que la sensation corresponde à la réalité, il faut

que l'image de chaque point se forme sur des cônes dis-
tincts, transmettant au cerveau des impressions distinctes
elles-mêmes. Or, si l'on se reporte aux observations de
Hooke relatives à la perception des étoiles doubles, on
trouve que les images doivent se former à une distance de
$0^{mm},0022$ sur la superficie de la tache jaune. D'après les
mensurations les plus récentes, on trouve, en effet, pour
diamètre des cônes dans la fovea :

· d'après Schultze.... $0^{mm},0020$ à $0^{mm},0025$
         H. Müller.. $0^{mm},0015$ à $0^{mm},0020$
         Welker.... $0^{mm},0031$ à $0^{mm},0036$

Ces nombres sont un peu différents de ceux de M. Kölliker,
mais il faut en voir la cause principalement dans les différences de constitution des yeux.

Si nous considérons en particulier un œil dont les cônes
ont des diamètres égaux à ceux indiqués par Müller et
même par Schultze, il ne pourra percevoir qu'une étoile
au lieu de deux, dans le cas considéré par Hooke, d'une
distance apparente inférieure à 30″.

La figure qui suit donne une représentation du phénomène dont nous parlons.

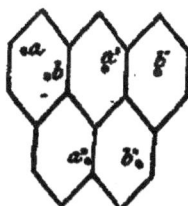

Il est facile, dans ces conditions, de comprendre que
toutes les images de points comprises dans un intervalle de
2 millièmes de millimètre environ ne seront perçues que
comme le serait une seule image.

On sait, de plus, par expérience personnelle, qu'une
rampe de gaz percée de trous assez rapprochés n'apparaît

à distance, lorsqu'elle est allumée, que comme une ligne de feu.

A quoi faut-il attribuer cette particularité ?

Très probablement, à notre avis, à ce fait que le point d'intersection des deux axes visuels se déplace à tout instant et se porte, dans le cas actuel, par des mouvements très rapides de droite à gauche ou inversement.

A cause de la persistance des impressions lumineuses pendant un dixième de seconde environ, on conçoit très bien que les impressions se superposent et donnent une sensation continue, la sensation d'une ligne, alors qu'on devrait percevoir seulement des points lumineux.

L'explication est la même, d'ailleurs, que celle qui est donnée à propos du bâton allumé que l'on fait tourner rapidement dans l'air. Au lieu d'une série de points lumineux, on ne voit en effet qu'une ligne de feu; c'est là une constatation que chacun peut faire aisément.

Les bolides ne semblent-ils pas eux-mêmes décrire dans l'espace une courbe lumineuse *continue ?* Et cependant ils se réduisent, dans l'état de repos, à une masse bien limitée qui n'aurait plus la même apparence que précédemment, si on la supposait portée à haute température et immobile.

Dans la pratique ordinaire des observations, ce n'est pas le plus souvent l'objet, système de points lumineux, par eux-mêmes ou par réflexion, qui se déplace, mais l'intersection des deux lignes de vision. L'effet produit est le même dans un cas et dans l'autre, l'intersection dont je parle, se promenant pour ainsi dire et rapidement à la surface du corps.

Il en résulte la sensation des contours et des reliefs.

On comprend alors très aisément, ce me semble, que si la notion d'étendue résulte pour nous de la perception des corps, *systèmes de points matériels en mouvement,* ces points ou plutôt ces SUBSTANCES ne participent pas nécessairement eux-mêmes à la propriété de l'étendue.

Celle-ci, en effet, n'a pas d'autre signification dans le principe que celle d'une *forme* susceptible de variation, tout en restant semblable à elle-même ; c'est cette variation linéaire, superficielle ou cubique qui se mesure, qui s'apprécie de façon incessante, lorsque nous faisons, pour ainsi dire, l'éducation de nos sens. De là, des *rapports* d'un genre particulier que nous appelons rapports d'étendue.

Nous reviendrons ultérieurement sur cette question dans la partie de cet ouvrage relative à la physiologie.

Mais, nous le répéterons encore une fois, il est absolument abusif de concevoir les atomes types, véritables unités matérielles ou substances, comme des corps doués d'étendue. Cela tient surtout à ce que, dès l'abord, nous jugeons continus les corps et la matière qui les constitue.

Descartes, lui-même, ne penchait-il pas pour l'idée d'une matière continue remplissant tout l'espace à des degrés divers de condensation ?

« L'étendue étant la propriété essentielle des corps, il n'y
« a pas de corps sans étendue ; ce qui exclut l'idée de
« particules indivisibles, c'est-à-dire d'atomes. Il n'y a
« pas non plus d'étendue sans corps, partant point de
« vide (1). »

La science nous apprend ultérieurement que les corps sont des systèmes, des associations d'atomes, et elle nous conduit à cette conclusion, beaucoup plus rationnelle, que l'étendue n'est pas le propre de la *substance* elle-même, mais de ses mouvements qui règlent le mode de groupement des monades.

Etant donnée l'origine première de cette notion, nous pouvons maintenant attribuer au mot « étendue » sa véritable signification : « c'est, quand on la considère sous le rapport des trois dimensions, la portion de l'espace dans laquelle se meuvent les monades constituant le corps. »

_____

(1) Würtz, Théorie atomique.

Monade et corps sont deux choses différentes : l'un est doué d'étendue, l'autre en est dépourvue.

Mais, dira-t-on, est-il bien nécessaire alors de supposer indéfiniment divisible ce que nous appelons matière ?

L'atome type n'existe-t-il pas dans la réalité ?

C'est chose très naturelle qu'il existe ; mais, comme nous ne savons rien encore sur le degré limite de complexité des systèmes matériels des *atomes de la chimie,* comme nous ne saurions nous assurer actuellement, et par expériences, que leurs *sous-atomes* ne sont pas, eux aussi, des systèmes ou agrégations, il est préférable, dans l'intérêt même de la recherche scientifique, de ne pas limiter le degré de dissociation possible.

. . . .

Revenons-en purement et simplement à la notion de la monade telle que l'ont entendue d'éminents esprits, telle qu'on l'entend d'ailleurs en mécanique : sous le nom de point matériel.

Il faut convenir toutefois qu'en mécanique, on ne l'envisage pas absolument au même point de vue que Leibniz qui, par une puissance d'intuition tenant véritablement du génie, la met au point de la science actuelle et cela en se basant, peut-être, sur son concept mathématique des grandeurs et des unités auquel il faut ajouter, cependant, celui de la *Perception.*

Dans la pensée de Leibniz, la monade est en elle-même comme une *réduction* de l'univers, un monde en petit, un microcosme ! Mais cette conception même du philosophe est de celles qu'il n'est pas donné à tout le monde d'entendre dans toute son étendue avec sa véritable signification.

Il faut savoir d'abord tout ce qu'il y a de complexité dans les mouvements d'un ou plusieurs systèmes combinés de points matériels qu'on peut, par la pensée, ramener à un seul dont les mouvements sur lui-même seraient, en quelque sorte, l'image des mouvements de tous les autres, maintenant confondus en un seul, suivant les règles spéciales à la détermination des résultantes finales.

Il faut savoir, en outre, établir la véritable signification de ce qu'on entend par Potentiel et Actuel.

Tout d'abord, abstraction faite du mouvement du centre de gravité d'un système de monades, mouvement dont la forme la plus générale est la forme héliçoïdale, nous pouvons considérer les mouvements qui se passent, pour ainsi dire en dedans, à l'intérieur de l'enveloppe idéale qui limite le système.

Il peut y avoir là, et il y a certainement, des forces vives très diverses, caractérisées par le déplacement des points matériels du système dans l'espace. Ces forces vives constituent, par rapport aux monades, de l'*Actuel;* mais, par rapport au système lui-même, elles constituent ce qu'on appelle du *Potentiel.*

Les forces vives intérieures, *dormantes en quelque sorte* pour celui qui voit les choses du dehors, ces forces vives sont, dans la réalité, la réserve dans laquelle le corps peut puiser l'énergie nécessaire pour surmonter un obstacle, vaincre une résistance.

C'est, en ce qui concerne une machine, l'énergie contenue dans la vapeur d'eau qui ne peut s'échapper, reste emprisonnée dans un réservoir, mais qui, mise en liberté, fait se détendre la vapeur, avancer un piston, devient énergie *actuelle.*

C'est, en ce qui concerne le charbon, l'énergie qui dort en sa masse et qui s'éveille brusquement, et, dans de certaines conditions, pour devenir actuelle, s'épandre au dehors, se montrer, se manifester enfin !

Il en est de même pour la poudre : une puissance, énorme parfois, sommeille en elle; elle est potentielle ! Une étincelle suffit, pour la rendre actuelle, provoquer l'explosion, chasser la balle, l'obus ou faire éclater la torpille.

Il y a mieux ! Prenons de l'hydrogène et du chlore, mélangeons-les à volumes égaux dans l'obscurité. Rien ne se produit, mais un simple rayon de soleil suffit pour déterminer une violente explosion et mettre en liberté, pour ainsi dire, en évidence, une énergie qui, certes, est loin d'être contenue dans le rayon même qui a provoqué la combinaison des deux gaz, et donner naissance à un corps nouveau : l'acide chlorydrique.

D'où vient-elle cette énergie? Du dedans des atomes de chlore et d'hydrogène. De *potentielle* qu'elle était, elle est devenue *actuelle* et le rayon de soleil a rempli l'office du meunier qui soulève la vanne de son étang, et fait, par là, en dépensant lui-même très peu d'énergie, marcher son moulin pendant le temps qu'il juge nécessaire.

L'aurait-il pu faire marcher lui-même, directement? Assurément non! Mais il lui a suffi de lever un obstacle, pour rendre actuelle l'énergie *potentielle* contenue dans l'eau de l'étang ; énergie qui *peut* produire un effet déterminé, mais ne le produit pas, à cause de l'obstacle de la vanne.

Nous pourrions citer ainsi de nombreux exemples; mais ceux-là nous suffisent pour donner au lecteur la signification particulière du *potentiel* dans le seul cas que nous ayons à considérer ici, à savoir: celui de systèmes de points matériels animés de mouvements intérieurs à leur enveloppe ; mais, si nous allons jusqu'à la monade elle-même, il semble un peu plus difficile de lui faire entendre ce que Leibniz entend par *principe interne* et ce que j'ai désigné sous le nom de potentiel.

Pour bien préciser l'état de la question, je citerai les lignes que j'ai consacrées à ce sujet:

Toutefois, en prenant pour point de départ la conception leibnizienne de la substance-sujet, de la monade douée de perceptions et d'appétits, j'ai été amené à lui substituer celle de la monade-mouvement dont le principe interne n'est autre que ce que l'on désigne aujourd'hui sous le nom de Potentiel. Ce sera encore l'analogue de la *Perception*, et de ce qui en dépend et qui *est inexplicable par des raisons mécaniques*, c'est-à-dire par des figures et des mouvements.

On saisira mieux la différence par ce qui suit :

Etant donnée cette Energie, cette puissance à deux faces : endocentrique et exocentrique, on peut concevoir les monades toutes identiques comme substance et comme énergie : celle-ci étant la somme du potentiel et de la force vive actuelle.

Cette somme est-elle constante pour la monade ou constante seulement pour l'ensemble, c'est-à-dire pour l'Univers lui-même ?

Les changements dont parle Leibniz s'effectuent, si je puis m'exprimer ainsi, sur place, ou encore « *autour d'un point*. » C'est ce qui apparaît par la façon dont il qualifie la Perception.

Etant donné d'autre part que « la monade n'a point de fenêtres » et que ce qui constitue son être est essentiellement « le principe interne » pourquoi supposer la substance, indépendamment de l'Energie, alors que cette dernière possède en elle-même sa *raison d'être* suffisante ?

Deux activités différentes, deux *Energies* par le fait qu'elles sont telles ne peuvent se fondre en une seule ou échanger quelque chose d'elles-mêmes.

Je n'irai pas jusqu'à dire que l'*Energie* en tant qu'*Energie* implique la faculté de se manifester ou de ne pas se manifester, d'être force vive ou potentielle. Il y aurait là, ce me semble, contradiction ; mais elle implique en tout cas, la faculté *d'être plus ou moins potentielle, plus ou moins force vive actuelle;* elle implique par suite l'universalité des mouvements, qui a pour corollaire leur éternité.

L'action de cette faculté interne de la monade de Leibniz ne peut se manifester à distance que par mouvement, et l'Energie n'est autre pour elle que la faculté de se mouvoir ou à la *limite* de ne pas se mouvoir, d'agir *physiquement* ou de ne pas agir.

Selon Leibniz, d'ailleurs, les substances simples ont nécessairement une faculté interne de développement, une
spontanéité véritable.

Quand par la rencontre de deux points de masse $m\,m'$
de forces vives mv^2, $m'v^2$, il y a un nouveau système $m\,V^2$,
$m'V^2$ par exemple avec les conditions :

$$V^2 < v^2 \; ; \; V^2 > v'^2$$

le potentiel a augmenté dans m de la quantité dont a diminué l'énergie de translation ; il s'est trouvé diminué en
m' de la quantité dont s'est accrue l'énergie de translation
de cette masse m'.

Notre conclusion sera donc que l'Energie totale reste
constante dans la monade d'une part, dans un système de
monades d'autre part aussi bien que dans l'Univers lui-
même. Cela résulte de la nature même de la Monade-
Energie.

L'énergie potentielle, l'âme de la monade, reste identique en soi ; elle est susceptible de degrés : voilà tout.

Les *formes phénoménales* sont la conséquence du seul
mouvement, susceptible, lui, d'une infinité de possibles,
quant aux changements dans la direction et à la quantité de
force vive.

De même qu'il y a des espèces et des catégories naturelles, de même il y a des espèces et des catégories dans
les formes phénoménales, de là nos catégories de perceptions ou sensations : lumineuses, calorifiques, etc.

Quant aux changements internes, ils constituent pour la
monade-énergie des *perceptions* suivies de *perceptions*
corrélatives dans la monade influencée *physiquement,*
comme je l'ai dit plus haut. C'est ainsi que cette dernière
possède en elle-même une certaine faculté de discernement
des choses du monde extérieur, faculté qui est la base
même de l'intelligence.

Cela étant, on peut admettre qu'un système est susceptible de réaliser simultanément les *formes phénoménales*

les plus diverses et embrasser en même temps une multitude de *substances*. Il en résulte une variété concomittante dans les potentiels ou énergies endocentriques.

Un système est donc susceptible de manifestations multiples auxquelles on donne les noms de chimiques, calorifiques, lumineuses, etc., mais dans lesquelles aussi il ne faut voir que des indices du mouvement. Ce système est susceptible également de potentiels chimiques, calorifiques, etc.; mais, — il est bon d'insister — l'énergie de la monade reste la même.

Cela peut paraître contradictoire avec le fait suivant :

Un atome d'hydrogène, système de monades, se combine à la température ordinaire avec un atome de chlore, système de monades également. Il se dégage alors de la chaleur et celle-ci peut échauffer, comme on sait, des systèmes, des corps voisins. Il semble donc que le système HCl ait perdu quelque chose, que son énergie totale ait diminué.

Il n'en est rien; car la condensation de *matière atomique*, dont j'ai parlé antérieurement, amène des augmentations simultanées de la force vive de translation des monades avec ce qu'on appelle, en mécanique, des liaisons nouvelles; il y a eu transformation d'énergie en énergie d'agrégation. De *cession* réelle, aucune; mais modifications apportées seulement dans les systèmes voisins, dans les conditions que j'ai signalées.

D'ailleurs, dans mes recherches sur les chaleurs de vaporisation, à l'aide de ma théorie du mouvement atomique et moléculaire, je suis arrivé à faire l'observation suivante :

Si l'on prend une molécule de vapeur d'eau à 0° sous la pression maxima $4^{mm},6$, on trouve pour vitesse des trois atomes H^2O, v; après la liquéfaction, V, avec la condition $V^2 = 12.15\ v^2$.

Il y a chaleur dégagée par suite de l'oscillation moléculaire résultant du passage de la vitesse atomique v à la vitesse V. Cette chaleur doit-elle — et c'est là le point important — être considérée comme de l'énergie *perdue* par le système, le changement d'état réalisé ? Non ! elle est seulement l'*indice,* la *manifestation* même de ce passage, le mode de *perception* du phénomène par nos monades à nous, *nos monades cérébrales.*

Mais le changement d'état réalisé, il n'y a rien de perdu, il n'y a nul transport d'énergie d'une monade à une autre. Il y a simplement des *états* divers *perçus* simultanément.

Mais d'où vient cette augmentation de la *force vive* de translation atomique si considérable, qu'on n'en peut trouver la raison d'être dans les actions mécaniques extérieures au système ? D'un changement d'état assurément de la matière atomique, dont les monades passent, en partie au moins, par les mêmes phases que la matière atomique considérée dans son ensemble, c'est-à-dire comme « unité enfermant le multiple. »

L'énergie des monades n'a pas varié ; elle est devenue plus exocentrique, et c'est tout. Il en est résulté un changement de disposition, une organisation nouvelle : un phénomène en un mot.

Comme conclusion de mes recherches de physique moléculaire, j'ai été amené à admettre que la matière atomique subit elle-même des changements d'état, une sorte de liquéfaction par exemple, quand se liquéfient les vapeurs. Peut-être même encore subit-elle d'autres changements !

En effet, si les atomes qui se meuvent à la surface d'une molécule de vapeur passent de la force vive de translation $M v^2$ à la force vive $M V^2$, celle-ci étant plus considérable que la première, on est amené à se demander naturellement si la différence vient tout entière de l'extérieur ou si elle n'en vient pas du tout et provient alors de l'intérieur même.

Or, de l'analyse que j'ai donnée au Congrès de Nancy (1) des conditions mécaniques de la condensation des vapeurs, il résulte que le travail extérieur de déformation molécu-

---

(1) Association française pour l'avancement des sciences. Comptes rendus du Congrès de Nancy.

laire n'a pas d'effet sur l'augmentation de la force vive de translation atomique.

Toutefois, il est bon de faire remarquer que s'il se traduisait intégralement par un dégagement de chaleur correspondant, on aurait par exemple pour cette dernière une quantité C; mais on n'a qu'une quantité c inférieure. La différence est absorbée par le travail intérieur moléculaire : ce qu'il est facile de constater analytiquement.

D'où vient donc l'augmentation constatée ? De la force vive intérieure aux atomes. Ceux-ci dépensent de leur énergie interne en quelque sorte pour aller plus vite, absolument comme le feraient des coureurs.

L'exemple suivant fera mieux comprendre comment les choses se passent.

Un cheval traîne une voiture contenant six personnes pesant chacune 65 kilos. La voiture monte une côte et ne va pas assez vite au gré des voyageurs. L'un d'eux descend, il met dans la voiture, à sa place, un poids de 65 kilos. Croit-on que le cheval s'aperçoive de la différence ? Assurément non. Pour lui une pierre de 65 kilos ou une personne du même poids c'est absolument la même chose, quant à l'effort qu'il a à faire et à l'effet qu'il peut produire. Mais que le voyageur descende, se mette à pousser la voiture, il n'en sera plus de même : la voiture ira plus vite.

Que les cinq autres voyageurs en fassent autant ; qu'ils descendent en laissant à leur place un poids équivalent à leur poids et qu'ils se mettent à pousser tous la voiture, il est certain que celle-ci ira plus vite encore.

Mais, en ce faisant, les six voyageurs perdent réellement quelque chose de leur énergie intérieure; si même ils continuent pendant un temps suffisant, ils s'apercevront de cette déperdition d'énergie à la fatigue croissante qu'ils éprouvent.

Que s'est-il passé dans la circonstance ? L'énergie immobilisée en quelque sorte, ou plutôt emmagasinée, s'est transformée en énergie de translation : de *potentielle* elle est devenue actuelle.

J'ai trouvé, comme expression du rapport des forces vives finales et initiales dans un système d'atomes lors du passage de l'état de vapeur à l'état liquide

$$\frac{MV^2}{M v^2} = L \frac{R^3}{r^3}$$

R étant le rayon moléculaire à l'état de vapeur, r à l'état liquide et L le symbole des logarithmes népériens.

Si l'on pouvait écrire encore cette relation à la limite c'est-à-dire supposer que $r = o$, et que la molécule se réduise à un point, on trouverait naturellement pour force vive finale une valeur infinie. Le point tournerait pour ainsi dire sur lui-même.

Mais alors, on le conçoit, l'énergie est devenue tout entière potentielle.

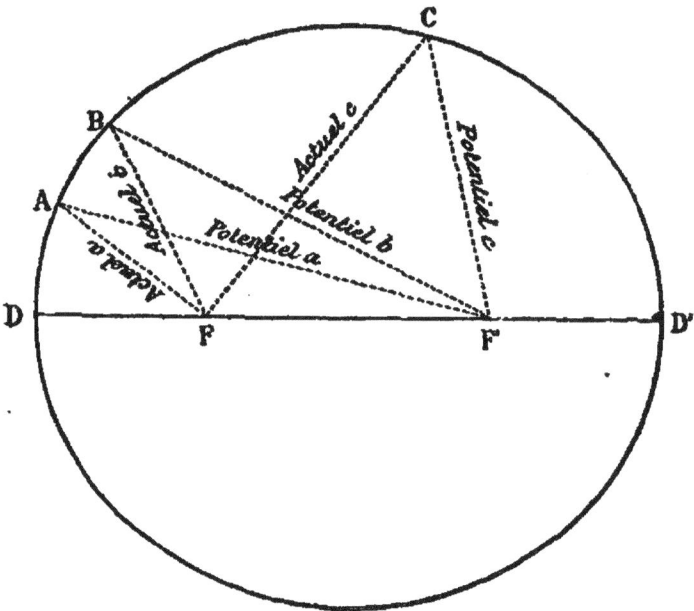

Représentation graphique des variations du Potentiel et de l'Actuel dans le cas où leur somme est une somme finie, bien déterminée, égale à DD′ par exemple. Ce cas ne se présente pas dans la réalité; mais la figure permet de se faire une idée de la suivante, où le foyer F′ est reporté à l'infini et où l'ellipse devient parabole.

Il est facile, d'ailleurs, de donner une idée de la réalité
en considérant les lois de l'élasticité et en montrant ce qui
se passe pour un milieu gazeux, ou bien encore pour un système moléculaire.

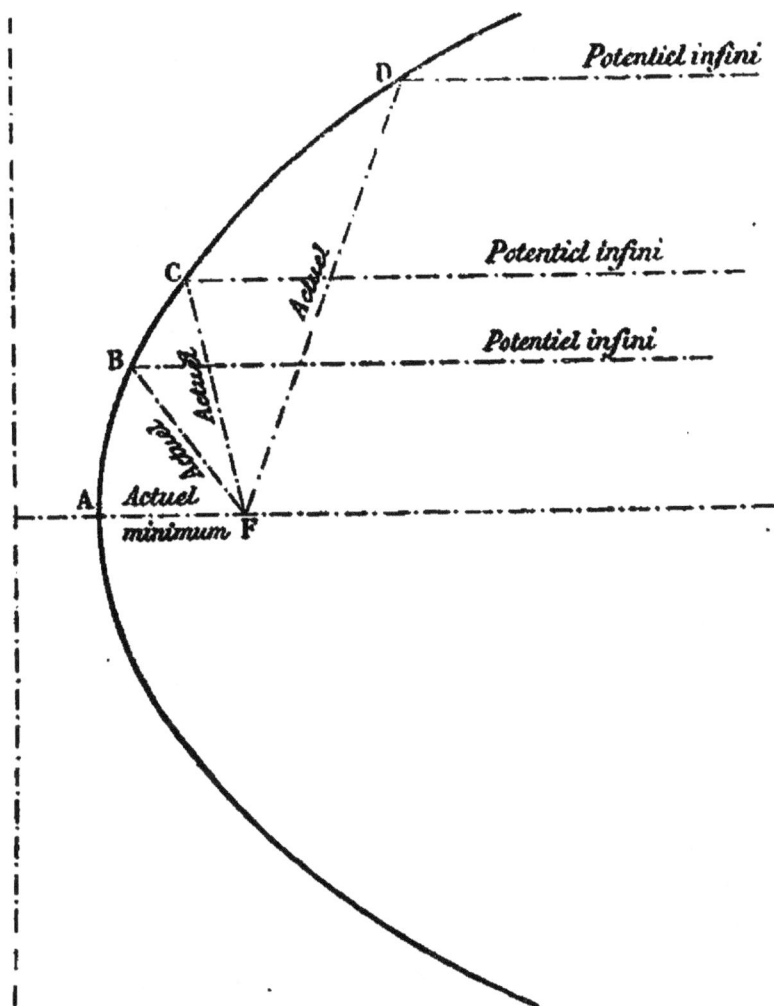

Représentation graphique des variations du Potentiel et de l'Actuel
dans les conditions où se produisent *réellement* ces variations.
Jamais, dans la réalité, l'Actuel n'est nul. C'est ce que représente
AF dans la figure ci-dessus.

Ce dernier, système lui-même de monades distinctes, diminue de volume à mesure qu'augmente la pression. Il faut,

pour produire cet effet, dépenser une énergie croissante, laquelle tend vers l'infini quand le volume tend vers O, autrement dit vers un point. Or, quand on remplit d'eau un réservoir, on dépense un certain travail : celui-ci se retrouve dans le réservoir à l'état potentiel et peut reconstituer, au point de départ, une énergie égale à celle que l'on a dépensée.

D'autre part, la tension du système moléculaire tendant vers l'infini, augmentant sans cesse, il est facile de concevoir que la monade est de sa nature répulsive, autrement dit douée d'une énergie propre, susceptible d'une manifestation extérieure, comme s'il y avait en elle enfin ce que nous appelons de la volonté. (Voir le Supplément.)

. . . .

. Par là j'ai, ce me semble, mis suffisamment en évidence ce qu'il faut entendre par l'actuel et le potentiel de substance de la monade, caractéristiques dont on ne saurait les dépouiller sans les réduire elles-mêmes à néant.

Aussi, voulant indiquer précisément cette indissolubilité d'union entre les deux, ai-je désigné la monade sur le nom de substance-énergie comme le type même de l'Etre.

« L'Etre, par cela seul qu'il est, possède en lui-même sa « raison d'être, et il est absurde de le vouloir expliquer, « comme aussi de prétendre qu'il peut être ou créé ou « anéanti.

Et quand je dis l'Etre, il faut entendre par là l'Etre simple, la monade et non pas, bien entendu, ce que le vulgaire suppose ordinairement, c'est-à-dire ces systèmes complexes de monades, comprenant une multitude de ces dernières une multitude de variétés dans le groupement; dans la forme des mouvements et dans la distribution du Potentiel et de l'Actuel : un corps, un arbre, un animal, un homme, par exemple.

Et cette réflexion est plus utile qu'on ne pense, parce qu'on voit cette opinion par trop répandue que parce qu'une table, par exemple, n'a pu être faite que par un menuisier, il faut à la substance un créateur.

« La monade ou Etre simple, il ne faut pas se lasser « de le répéter, possède en soi sa raison d'être suffisante et, « par le Potentiel et l'Actuel, la faculté de former, avec « d'autres monades, des systèmes plus ou moins complexes « dont l'ensemble forme un corps, un arbre, par exemple, « un animal même.

« Ce qu'on entend par création n'est autre que la puis- « sance d'organisation inhérente à la substance, une créa- « tion de *formes*. Si on veut l'entendre autrement, elle « n'est plus qu'une simple superfétation ou comme on dit : « la cinquième roue d'un carrosse. »

Ce n'est pas toutefois de cette façon que je veux établir le principe de l'énergie endocentrique, sorte de *faculté interne* de la monade, et les exemples dont je me suis servi jusqu'ici n'avaient pour but que de familiariser le lecteur avec l'idée du potentiel ou énergie en dedans.

Dans une démonstration (1) que j'ai donnée de mon théorème fondamental du mouvement atomique, j'ai pris une molécule pondérable renfermant deux atomes par exemple. Cette molécule n'est autre que la portion de l'espace affectée au mouvement de ces atomes, abstraction faite du mouvement de translation dont son centre peut être animé. Elle est sphérique pour les gaz en particulier.

J'ai envisagé, pour la commodité de la démonstration, cette portion de l'espace que limite sa surface, comme formée par des enveloppes concentriques d'atomes d'éther oscillant en ligne droite suivant le rayon ; puis, établi dans ces conditions, la valeur de la tension superficielle dont la molécule est le siège ; mais j'aurais pu également remplacer les atomes d'éther oscillant dans le sens du rayon par des atomes

---

(1) Congrès de Toulouse. Congrès d'Oran. Association française.

appartenant à une molécule analogue à celle qui la renferme, mais infiniment petite par rapport à elle. C'est en réalité ce que l'on doit faire ! Le résultat étant le même, je n'ai pas à m'en préoccuper.

Ces molécules d'éther, contenues dans la molécule pondérable, peuvent être constituées par d'autres, infiniment petites par rapport à elles et ainsi de suite indéfiniment. Elles sont, si je puis m'exprimer ainsi, emboîtées les unes dans les autres, leur rayon tendant vers O.

Mais elles renferment, cela se conçoit très bien, du potentiel, c'est-à-dire de l'énergie qu'elles peuvent sortir d'elles-mêmes, en quelque sorte ; elles sont de plus caractérisées par une tension superficielle, force répulsive par rapport aux systèmes du dehors.

A la limite, c'est-à-dire quand la molécule est réduite à la monade, à un point, elle possède encore de l'énergie, mais une énergie infinie, ce qu'il serait facile d'établir ; d'autre part, la tension superficielle devient pour la monade une sorte de *faculté interne* qui se traduit par une répulsion exercée sur toutes les autres, *au contact*.

Est-elle animée alors, — par suite des influences physiques, c'est-à-dire des chocs, — d'une force vive de translation de valeur déterminée, elle l'a trouvée en elle-même, et elle est devenue le siège de changements internes, sans cesser pourtant de renfermer une énergie infinie.

Ces changements internes sont continuels par suite des réactions de toutes les monades de l'univers sur celle que l'on considère en particulier, de telle sorte qu'on peut croire qu'elle est en soi un microcosme.

A la vérité, le vulgaire ne saurait guère concevoir les choses de cette façon : il les prend telles qu'elles lui *apparaissent* et non telles qu'elles sont dans la réalité.

Il lui faut à lui un moteur qui ait une apparence bien déterminée, et c'est dans le principe, un vieillard barbu le plus souvent ; c'est quelque chose enfin, que l'homme hypnotisé se représente comme la réalité et ce n'est pas la réalité.

Aussi, est-ce en ce sens qu'on peut affirmer que la vie est le plus souvent une hallucination : les vivants voyant des choses qui n'existent pas, comme certains entendent des sons, perçoivent des odeurs, des saveurs, en l'absence de tout corps sonore, odorant ou sapide.

L'habileté consiste précisément à savoir utiliser cette disposition mentale des individus au mieux de ses intérêts et de ceux des siens. C'est du moins l'opinion courante.

. . . .

Il est difficile, je le répète, au commun, en dehors de toute connaissance mathématique, de s'imaginer de l'énergie en un point et une faculté interne, une sorte d'*âme* douée d'une activité propre, *automotrice* enfin.

Il préfère le concept religieux quoiqu'en réalité, la difficulté soit autrement grande que pour le *concept mécanique,* et cela parce qu'il ne peut concevoir la substance sans qu'elle soit étendue. Cela tient à ce que la perception de la *matière* est le résultat de mouvements, ayant une forme déterminée, se produisant dans une certaine portion de l'espace, alors que le substratum lui-même est dépourvu d'étendue.

C'est précisément là-dessus que doit porter l'éducation nouvelle des masses, quelques lamentations que puissent faire entendre quelques-uns, dont le seul argument consistera à crier à l'athéisme, au matérialisme !

VIII

Nous avons, dans la deuxième partie de ce volume, es-quissé le plus rapidement qu'il a été possible, les causes d'er-reur de notre entendement au point de vue spécial du méca-nisme et des formes géométriques qui caractérisent les divers phénomènes. Nous avons esquissé aussi la composition gé-nérale de notre système solaire, de l'univers ensuite, et cela surtout pour mettre en évidence cette vérité que l'univers d'aujourd'hui, tel qu'il résulte des découvertes et des obser-vations minutieuses des astronomes, des physiciens et des chimistes est loin d'être celui que l'on concevait autrefois ; qu'enfin l'esprit humain, comme toutes choses d'ailleurs, est le fruit d'une incessante évolution, car, en lui-même et porté à sa plus haute expression, il est, comme le miroir des choses de la nature, une représentation plus ou moins parfaite de l'univers, non dans telle ou telle de ses parties les plus infi-mes, mais dans un ensemble toujours plus vaste, comme une sphère dont l'enveloppe, sans cesse, grandit en fuyant le centre.

Ce n'est donc pas les choses d'autrefois qu'il faut apprécier au point de vue actuel, quant aux principes et aux doctrines, mais les choses de notre temps. Autrefois ne nous importe plus que par ses exemples et l'expérience qu'il nous a laissée.

S'il est donc des fictions que certains sont plus spéciale-ment intéressés à entretenir, fictions qui, jadis, constituaient des principes sociaux d'une importance considérable, nous ne sommes plus aujourd'hui dans l'obligation et surtout dans la situation de leur accorder la moindre valeur. Ces principes sont sophismes pour nous et ne servent plus qu'à maintenir aux yeux de la masse, dans une posture décente, certaines institutions qui font surtout vivre ceux qui les défendent avec le plus de chaleur, et qui n'ont pas d'autres titres à l'existence, que la tolérance qu'on leur accorde momentanément.

Or, l'exercice des influences dont elles disposent leur donne, auprès des individus, une importance qu'en elles-mêmes elles sont loin d'avoir ; car les hommes sont plus portés à juger les choses d'après leurs intérêts particuliers, jusqu'à ce que les cataclysmes sociaux les viennent tirer de leur erreur.

Ils sont, de ce côté, absolument incorrigibles : ainsi se justifient la guerre avec ses horreurs, les révolutions avec tous leurs excès.

Les institutions conviennent à une époque ; elles ne conviennent pas nécessairement à d'autres. Il y a des heures même où la légalité tue et où il convient d'en sortir : c'est alors que surgissent les révolutions, que tout le monde approuve d'ailleurs... quand elles sont victorieuses, et dont personne, alors, ne conteste la légitimité.

Or, ces institutions reposent en général sur des principes philosophiques qui sont de pures fictions. Ainsi le principe religieux et le principe monarchique !

A la vérité, il convient d'admettre qu'en soi, ils n'ont rien que de très naturel, comme concepts politiques.

La primitive humanité, sauvage, bestiale, féroce, avait besoin d'être amplement saignée et de faire, dans le sang et dans les larmes, son apprentissage de communes idées et de communes souffrances. C'est alors que l'individualisme, outré, excessif, quand il est celui de la bête, a fait place à ce que nous appellerons des sentiments humains. Le besoin de se défendre a fait sentir, en un mot, le besoin de se grouper ; la lutte alors, la guerre sans merci cessent d'être une idée fixe, quand il s'agit de ceux avec lesquels on est lié par la communauté des intérêts.

Les idées sociales, les idées purement humaines, ne sont pas, en effet, des idées *a priori;* elles ne sont que le résultat des rapports d'homme à homme, de groupe à groupe, rapports très variables, ayant surtout pour objet la satisfaction d'appétits plus ou moins violents. Par elles-mêmes, elles ne sauraient suffire au progrès de la civilisation générale ; elles doivent être complétées par les idées scientifiques, se rapportant à la stricte réalité et donnant à l'homme, par les développements qu'elles comportent, par les découvertes qu'elles suscitent, les moyens d'étendre le champ de ses satisfactions.

Des activités nouvelles s'éveillent alors dans le corps social, et l'énergie qui est dans l'homme trouve mille *dérivatifs* qui la diffusent et la rendent, de jour en jour, moins oppressive du libre développement de chacun.

Des lumières plus grandes, quoique encore insuffisantes, des rapports plus nombreux, plus faciles, telles sont les causes de cet amortissement des passions sociales primitives, brutales et sans frein, parce qu'elles ne trouvaient que peu d'objets qui pussent les satisfaire, peu de manières de se dépenser enfin.

Les moyens d'autrefois ne doivent plus être ceux d'aujourd'hui. Ils ne répondent plus à la situation !

Les hommes, actuellement, sont tenus par des liens assez multiples pour qu'il ne soit plus précisément nécessaire de les tenir par des liens de religion. Et d'ailleurs, la diffusion des idées, fatale à la foi religieuse, fait en général, de cette dernière, quelque chose de si peu durable que c'est absolument comme si elle n'avait jamais existé.

Qui d'entre nous ne se rappelle la façon dont on lui a présenté ce qui touche à la religion, la mythologie catholique et tout ce qui s'y rattache ?

Or, c'est un fait avéré que l'Eglise catholique entend que l'on croie à tout cela, absolument comme si cela était vrai ; sur ce point, sa doctrine reste immuable.

Mais on conviendra aisément que si l'on est amené ulté-

rieurement à reconnaître que ce que l'on croyait naturellement, par suite du caractère attribué au prêtre, n'était que
choses absurdes ; que si, d'autre part, le caractère vrai des
hommes de religion apparaît sous son véritable jour, soit par
expérience personnelle, soit par le fait de cette mauvaise
presse qu'on dirait sortie de l'enfer, il y a bien des chances
pour que la foi s'en aille, faisant place au scepticisme.

Et ce scepticisme qui ne peut manquer de se développer
par l'expérience des hommes, de s'étendre alors, comme
une large tache, sur toute la vie.

De tous les poisons qui s'infiltrent dans l'homme, n'est-ce
pas celui qui produit les plus désastreux effets, qui use le
plus les ressorts de l'intelligence et du sentiment. Alors,
en effet, on reste trop persuadé qu'il n'y a dans la vie que
des moyens, rien que des moyens ; ce qui conduit, en
politique surtout, aux plus déplorables résultats et parfois
aux situations extrêmes.

Toutes choses se tiennent dans l'état social et, dans un
temps plus ou moins long, les conséquences se produisent,
résultantes fatales des prémisses.

Ne vaudrait-il pas mieux mettre l'homme en face de la
réalité, lui faire voir *progressivement* les choses telles
qu'elles sont, pour qu'il n'ait pas à revenir sur ses croyances,
en les reconnaissant absurdes : ce qui est le cas des croyances
catholiques.

On conviendra, certes, que ce qu'il y a de meilleur à
espérer pour lui, c'est une évolution régulière de ses idées
et sentiments ! Comment pourrait-il se faire qu'il en fût
ainsi, lorsqu'il lui faut couper, à un moment donné, le câble
qui le retient à son éducation première, parce qu'il a re-
connu que pour le faire devenir ce qu'il est, on a abusé de
lui, de sa crédulité, de sa faiblesse, qu'on l'a hypnotisé
enfin ?

Cette fois encore, j'accorderai que s'il faut seulement
considérer ce fait, qu'on a ainsi occupé l'esprit de l'enfant
et qu'on a fait entrer en son cerveau le germe de certaines

idées morales et sociales bonnes en soi, on peut passer outre et reconnaître que tous moyens sont bons, pourvu que le résultat soit atteint.

Mais il faut considérer aussi que l'Eglise ne s'occupe pas des seuls enfants, et quand la partie éclairée de la nation, qui actuellement se soucie fort peu de la religion, voit de certains adopter les arguments, la façon de penser des gens de religions, qu'elle voit surtout l'abus que l'on fait de la faiblesse de ces pauvres d'esprit, elle ne peut que les tenir en profonde pitié, si elle est simplement compatissante. Mais combien vont plus loin et tiennent ces gens-là en profond dédain, et usent, en conséquence, dans l'ordre politique, des mêmes moyens dont on use dans l'ordre religieux. Tromper dans un but que je supposerai sincère, en ce qui concerne l'éducation, n'est plus une pratique qui puisse être permise en notre époque ; il convient même de l'enrayer au plus tôt dans l'intérêt même de la morale politique et sociale. Car, si l'on ne cherche à restreindre le nombre des dupes, en dirigeant l'éducation dans un tout autre sens, comme ces dupes sont souvent majorité et que c'est par elles que les partis nous mènent, nous ne serons pas encore, en France, prêts de sitôt à réaliser les conditions morales et intellectuelles, caractéristiques de la vraie démocratie.

L'Eglise, d'ailleurs, n'a pas de préoccupations que celles qui touchent à l'éducation ; elle est aussi essentiellement politique, et si le Christ a apporté, lui, sa doctrine aux déshérités, elle a, de son côté, toujours eu la préoccupation de la faire tourner à l'avantage de ceux, qu'il y a dix-huit siècles, il qualifiait de Pharisiens.

Elle sait que de certains genres d'éducation, des suggestions d'idées habilement combinées, suivant les individus, suivant les milieux, les passions et les intérêts multiples qui s'agitent en une société, tournent le plus souvent à son profit et à celui des siens.

Car il n'y a pas dans l'Eglise que la doctrine religieuse :

ses chefs sont assez intelligents et possèdent assez de lumières pour n'y attacher, *par rapport à eux,* aucune importance. Ils trouvent, dans l'exercice de leurs fonctions religieuses, de certaines satisfactions d'ordre purement humain qui leur font désirer d'avoir mieux encore, ou au moins de conserver les situations acquises ; mais ce n'est pas suffisant pour que le catholicisme se puisse conserver bien longtemps chez les peuples civilisés et d'intellect un peu convenable. Il lui restera la ressource de la propagande chez les peuples sauvages, ou bien celle de devenir une vaste maison de commerce dans laquelle les pratiques extérieures resteront simplement un signe de ralliement, de reconnaissance : ce sont entreprises d'un assez bon rapport pour n'être pas à dédaigner.

Dans ces conditions, l'Eglise pourra se succéder à elle-même, comme elle a succédé, d'ailleurs, au paganisme.

Il lui suffira, pour se faire vivre et prospérer, d'avoir pour seule doctrine qu'on ne saurait être des « honnêtes gens » si l'on n'a recours à elle, si l'on ne se fournit en sa maison.

Comme beaucoup veulent être classés tels, cette nouveauté... en est-ce bien une ? — cette nouveauté ne peut que raffermir son institution.

Encore n'est-ce pas bien sûr, car la lutte contre l'action catholique est loin d'avoir pris fin, et il ne faudrait pas prendre argument de l'indifférence d'aujourd'hui, en matière religieuse, pour compter reprendre les positions perdues, grâce à cette politique qui est l'ordinaire de l'Eglise dans les temps où son influence est en déclin. Ce serait se faire complètement illusion que s'imaginer pouvoir la ressaisir ; il y a aujourd'hui, contre l'Eglise, sa doctrine, son institution même, quelque chose de plus fort qu'un courant d'intérêts limités à certaines classes : un courant d'idées et des lumières plus grandes se propageant d'un mouvement lent, peut-être, mais sûr.

. . . .

SUPPLÉMENT

———

SUR LE PRINCIPE DES PHÉNOMÈNES DE CONSCIENCE. — SUR L'ÉNERGIE PROPRE A LA MATIÈRE VIVANTE ET EN PARTI- CULIER AU SYSTÈME NERVEUX. — SUR LE PRINCIPE DE L'ACTIVITÉ DE L'AME.

Nous avons laissé à entendre, au début de cet ouvrage, de quelle façon nous entendions les choses de l'esprit.

Celles-ci ne sont pas, à proprement parler, des réalités, mais des représentations conventionnelles, d'une convention naturelle et aussi générales, aussi fatales que les consé- quences d'une action simplement mécanique.

Nous avons admis qu'à la base de tous les phénomènes, il y avait de la substance en mouvement et surtout de la substance douée de *potentiel*.

Or, ce n'est certainement pas la forme mécanique qui nous apparaît caractériser les groupes principaux de phé- nomènes dont la perception est dans les attributs de notre nature humaine et de notre organisme spécial.

Les phénomènes lumineux, sonores, calorifiques, par exemple, n'apparaissent pas *a priori*, comme étant de na- ture mécanique : dans l'ordre *habituel* des perceptions, ce côté mécanique même nous échappe constamment.

De ce fait général, nous avons donné déjà quelques ex- plications; mais elles ne suffisent pas, à notre avis, pour dégager une conception nette et entière, nouvelle surtout et plus en rapport avec les données multiples de la science actuelle.

Tout d'abord, comme nous l'avons dit autre part, il y a pour caractériser le processus extérieur : la nature, la forme du mouvement, son intensité et enfin la nature des systèmes *matériels,* siéges de ce mouvement.

Il y a, en un mot, quelque chose qui différencie, au point de vue mécanique, le phénomène lumineux du phénomène sonore et du phénomène calorifique, avant même qu'ils n'agissent sur les organes, par lesquels ils commencent à influencer notre nature physiologique. Ce quelque chose, nous ne l'examinerons dans le détail que dans des publications ultérieures ; mais qu'on veuille bien admettre, avec nous, que quelque chose diffère dans les phénomènes accessibles à des sens, différents eux-mêmes : à savoir, la nature et la quantité du mouvement des particules, et aussi la nature de ces dernières.

En dedans de nous, que se passe-t-il ? Des phénomènes, *mécaniques* également, dont nous ne sommes pas les témoins, des phénomènes que nous ne voyons pas, dont nous ne pouvons, par conséquent, connaître le détail ultime.

Ces phénomènes, en tant que *phénomènes mécaniques,* sont-ils nécessairement les IDENTIQUES des extérieurs, ou seulement même les SEMBLABLES. Pour les identiques, il est évident qu'ils ne le sont pas, étant alors transmis dans des milieux différents des premiers ; pour les semblables, il y a presque certitude qu'ils ne le sont pas. La transformation des phénomènes, les uns dans les autres, est un fait trop constant, lorsque varient les récepteurs et conducteurs, pour qu'on puisse admettre le phénomène lumineux, par exemple, caractérisé par les éléments mécaniques de son processus extérieur, comme se conservant dans les conducteurs optiques, avec l'intégralité de ses caractères.

On sait qu'un courant électrique, en particulier, peut déterminer une production de chaleur, de magnétisme, de lumière, de son, de mouvement apparent enfin; que la chaleur peut donner de l'électricité, de la lumière, du son, du mouvement et ainsi de suite. En dessous de toutes ces transformations qui nous apparaissent avec l'aspect que l'on sait, il y a uniquement et dans le principe des transformations de mouvement. Mais celles que nous connaissons, que nous qualifions lumière, son, chaleur, etc., et dont la physique s'occupe enfin, celles-là sont-elles les seules? La complexité dans les mouvements peut être telle, qu'on ne saurait évidemment, en toute prudence, s'arrêter aux quelques types fondamentaux que l'expérience et l'analyse peuvent nous révéler. D'autant que nous ne connaissons pas la nature *dynamique* de la matière nerveuse, cellulaire surtout.

Or, le dynamisme propre aux éléments nerveux peut être chose très complexe, très différente, comme forme *mécanique,* de ce que nous concevons habituellement, et le dynamisme extérieur par réaction, par impulsion, devra donner un phénomène résultant, combinaison en quelque sorte des phénomènes primitifs, comme le mouvement parabolique, par exemple, est une combinaison de deux mouvements rectilignes simultanés.

Cela peut déjà nous permettre de concevoir comment il se fait que le monde extérieur ne saurait nécessairement être perçu par nous avec ses seules caractéristiques absolues et géométriques.

Et d'ailleurs, nous plaçant au point de vue de notre forme habituelle d'entendement et surtout au point de vue des besoins de l'ordre physiologique et social, il nous sera facile de convenir que les *éléments* mécaniques ou autres de la sensation, s'ils étaient perçus isolément et dans leur ordre de succession, nécessiteraient une dépense organique énorme, ainsi qu'une acuité et une instantanéité de perception dont les êtres vivants ne nous fournissent pas d'exemple.

Ce que nous percevons, en un mot, c'est, si je puis m'exprimer ainsi, des intégrales et non des différentielles de phénomènes.

Il est pour nous, d'autre part, une cause d'infériorité, quant à la connaissance ; elle consiste dans l'impuissance où nous sommes de *sentir en nos semblables* d'abord, à plus forte raison dans les êtres animés en général et dans les êtres de *nature inorganique*. Avec nos semblables, l'inconvénient, certes, n'est pas aussi grand, parce que si nous n'avons pas le don de l'extériorité, au moins, nous y suppléons par des signes communs et par le langage. Et encore, ceux-ci ne sauraient-ils être accessibles à tous et dans toute leur étendue!

Quant aux animaux, quant à la matière inorganique, nous ne saurions même converser avec eux, et la nature de leurs *perceptions* nous reste inconnue. Cela est vrai surtout pour ce que nous appelons la matière minérale, à laquelle le vulgaire refuse absolument l'attribut de la vie.

En quoi cependant consiste cette dernière, si ce n'est dans l'énergie enfermée en des *systèmes,* en des *appareils* plus ou moins complexes, de fonctions plus ou moins variées, énergie qui est susceptible de se manifester, en dehors d'eux-mêmes, dans des conditions déterminées ?

Elle passe, il est vrai, par les degrés les plus divers, mais aujourd'hui, c'est devenu chose abusive que vouloir la renfermer dans les limites étroites que l'on connaît. La vie, caractérisée par le changement, est le propre de toute la substance qui, par ses mouvements invisibles, constitue les corps, la matière, les phénomènes. S'il n'apparaît pas pour la généralité des hommes qu'il en soit ainsi, cela tient à la signification exclusive qu'on attribue à de certains mots — d'un sens très étendu d'ailleurs — ceux qui servent plus particulièrement à qualifier un ensemble de phénomènes que seules les sciences expérimentales et d'observation peuvent arriver à déterminer, dont elles seules peuvent établir les rapports réciproques. Cela tient aussi à ce que l'on ignore trop souvent les données scientifiques relatives à la question dont on s'occupe et que l'on veut résoudre, quand même, dans une discussion de mots ; cela tient enfin, à ce que par goût ou dans un but intéressé, on se parque dans une science sans beaucoup se préoccuper des autres : on a ainsi des vues limitées et particulières à la science dont on s'occupe. Cela n'est pas suffisant.

. . . .

Ces quelques observations faites, nous allons donner ici-même une description rapide de notre façon de concevoir le phénomène de perception des sensations et de la mémoire d'idées ou, si l'on veut encore, le phénomène de conscience.

Nous avons posé, comme principe, que la monade était par elle-même active et douée de perception : cette faculté, conséquence de ses perpétuels changements *en dedans*. Mais, par rapport à nous, cette sorte de conscience n'est pas l'analogue de la nôtre : il est facile de le comprendre.

La monade passe par des états successifs, il est vrai, mais instantanés, dans le sens absolu du mot; elle sent, si l'on veut, dans l'instant et différemment toujours.

Cet état de conscience, avons-nous dit, n'est pas le nôtre : celui-ci, caractérisé par des variations qui, d'abord, ne se se produisent pas instantanément dans les *systèmes* et qui, ensuite, se succèdent dans le temps, à des intervalles très courts, à la vérité, mais réels. Ces variations, de la sorte, se superposent, l'une commençant alors que l'autre, la précédente, persiste encore ; elles sont multiples dans le même instant, mais affectent des systèmes différents et en communication directe ou indirecte dans l'appareil nerveux. Il en résulte, dans la perception, une continuité qui est une des caractéristiques de la conscience; il en résulte des modifications d'état, susceptibles de persister un temps plus ou moins long, et par *réversibilité* (Voir plus loin) de reproduire la sensation ou l'idée primitive *dérivée* de sensations.

Dans la monade, rien de semblable ! Ses continuels changements s'opposent à ce qu'elle regarde ou retourne en arrière. Toujours nouvelles sont ses perceptions, jamais les mêmes.

Si la substance monade ou les systèmes de monades sont
doués d'une activité qui leur est propre, d'une énergie *en
dedans*, doués aussi de *perceptions*, il convient de faire
intervenir cette donnée fondamentale dans l'interprétation
des phénomènes qui sont de l'appareil nerveux, chez l'homme
en particulier.

Les recherches des physiologistes contemporains ont permis d'établir les fonctions spéciales aux diverses parties du
système nerveux.

Ce dernier se subdivise, comme on sait, en deux catégories : le système du grand sympathique ou de la vie *dite*
végétative et le système de la vie de relation, formé par
l'ensemble des cellules et des nerfs dits sensibles et moteurs.

Le premier agit sur le second et réciproquement, ce qui
s'explique, étant donné qu'en somme, il y a unité dans la
fonction totale du système nerveux, par suite des connexions
qui existent entre ses différentes parties.

Qui ne connaît l'influence secrète, mais considérable,
exercée par l'état physiologique variable des grands viscères
sur notre manière d'être intellectuelle et morale, sur notre
caractère, sur nos habitudes, enfin sur notre façon de réagir sur les choses du dehors et de nous faire connaître
comme tempérament à ceux qui nous observent ou qui simplement vivent avec nous.

Les expériences de Flourens ont établi « que le gan-
glion semi-lunaire est constamment excitable et que les
autres ganglions ne le sont que de loin en loin, à un degré
très faible. » Cela résulte des anastomoses plus ou moins
considérables, dans les ganglions, des filets nerveux ordinaires avec ceux du grand sympathique.

Une autre propriété singulière de ce dernier, consiste dans
l'élévation de température qui accompagne la section de ses
fibres propres, alors que la section des autres nerfs est suivie
d'un abaissement de température.

Quant au reste de l'appareil nerveux, nous en ferons diverses catégories, à commencer par la moelle épinière, autrement dit, par la partie inférieure.

La moelle épinière, renfermée dans les vertèbres, reçoit, latéralement et en arrière, des filets nerveux *sensibles* et latéralement encore et en avant, des filets nerveux *moteurs*. La fonction spéciale de ces nerfs est suffisamment indiquée par le qualificatif qu'on leur donne.

Quand on coupe la moelle en un point déterminé, l'animal cesse de mouvoir spontanément les parties commandées par les nerfs provenant de la portion séparée de l'encéphale, mais ces mêmes parties se meuvent encore d'ensemble, quand on les irrite. Flourens conclut de ses expériences « que la faculté d'exciter des contractions musculaires, comme la faculté de lier ces contractions en mouvements d'ensemble, réside dans la moelle épinière.

Il conclut en outre « que la volition ou la spontanéité des « mouvements, non plus que la *coordination de ces* « *mouvements*, en saut, vol, marche, station, etc., n'y « résident pas. »

A la partie supérieure de la moelle épinière, et la continuant par devant le cervelet, se trouve la moelle allongée qui communique avec le cerveau.

Des lésions de cette portion déterminent la mort ; une section complète l'entraîne toujours. La moelle allongée est, en effet, l'organe moteur et régulateur des mouvements de conservation et principalement des mouvements respiratoires.

C'est, dans tout le système nerveux, la seule partie absolument indispensable à la vie, sans qu'il soit même nécessaire d'y joindre les deux nerfs pneumo-gastriques qui s'y rattachent.

Derrière la moelle allongée, et l'enveloppant par des fibres transversales provenant de ses parties latérales, se trouve le cervelet, dont la fonction est de coordonner les mouvements volontaires. L'animal qui en est privé semble atteint d'ivresse et devient incapable de se diriger convenablement et de façon régulière.

On peut se reporter, pour s'en faire une idée, à la description dés expériences de Flourens (1).

Le cervelet, en outre des fibres transverses ou pont de Varole, donne des fibres qui se dirigent d'arrière en avant et constituent les pédoncules postéro-antérieurs. Elles vont du cervelet vers les tubercules quadrijumeaux, placés vers la base du cerveau et se continuent avec les pédoncules cérébraux.

D'autres fibres, formant les pédoncules antéro-postérieurs se dirigent d'avant en arrière vers la moelle épinière.

Comme dit Flourens, la section de ces diverses catégories¹ de fibres laisse éclater le mouvement ; celle des fibres transverses détermine une rotation de l'animal sur lui-même ; celle des pédoncules antérieurs, un mouvement en avant.

Si l'on coupe enfin les fibres encéphalo-postérieures du cervelet, l'animal recule ; il fait ou il tend à faire une suite de culbutes en arrière.

Pour conclure, le cervelet est donc un appareil essentiellement régulateur ; d'autre part, lorsqu'on l'enlève en entier, les fonctions intellectuelles restent intactes.

A la base du cerveau, qui recouvre le cervelet et coiffe pour ainsi dire la moelle allongée, se trouvent des organes faisant partie de l'appareil des sens et en communication avec le nez, avec l'œil, l'oreille par des nerfs spéciaux. De ces centres nerveux compris dans la région des couches optiques et des corps striés, les impulsions se continuent jusqu'à la couche corticale, à travers des étages de cellules de plus en plus petites, de plus en plus nombreuses, à mesure qu'on se rapproche de la surface. Cette dernière, pourvue de sillons et replis nombreux, est constituée essentiellement par une mince couche de matière grise dont les feuillets alternent avec de la substance nerveuse blanche.

Dans cette région les fibres nerveuses forment des anses,

(1) Flourens. — *Fonctions du système nerveux.*

des boucles, de sorte que les courants primitifs ascendants peuvent redevenir descendants.

Dans le voisinage de la surface, existent des cellules *sensibles* et des cellules motrices disposées dans le même ordre que les nerfs rachidiens sensitifs et moteurs, par rapport à la moelle épinière. Ces cellules, ainsi que les autres que l'on trouve dans les hémisphères cérébraux, sont unies entre elles de droite à gauche, de haut en bas, de devant en arrière et réciproquement ; le trait d'union est formé par des filets nerveux en nombre variable partant de la surface des diverses cellules, comme le tube pollinique sort du grain du pollen par une dilatation de l'enveloppe interne.

Notre intention n'est pas d'entrer actuellement dans le détail des éléments complexes des hémisphères cérébraux, nous en voulons seulement donner une physionomie d'ensemble, avant d'indiquer les conclusions des physiologistes qui ont étudié leurs fonctions.

Tout d'abord, la surface peut être incisée, piquée, enlevée partiellement sans qu'il en résulte aucune sensation de douleur : les cellules, dites *sensibles,* perçoivent seulement les éléments de sensation fournis par les organes des sens ou plutôt les états divers des nerfs sensitifs et probablement aussi des cellules qui se trouvent sur leur parcours. Cette portion superficielle du cerveau, désignée sous le nom de *sensorium commune* n'est donc pas, à proprement parler, sensible dans le sens qu'on attache à ce mot, dans le langage courant du moins. Elle reste *indifférente*, pour ainsi dire, aux excitations mécaniques ordinaires, comme les nerfs moteurs restent eux-mêmes indifférents à toute excitation, si on les considère au point de vue de la fonction sensible ; comme les nerfs sensitifs, si on les considère au point de vue de la fonction motrice.

Les cellules du sensorium sont, du reste, des systèmes susceptibles d'une modification en dedans, d'une variation de potentiel, d'une permanence plus ou moins longue. Elles ont, pour caractéristique, chacune un état dynamique d'une forme, d'une intensité, d'un ordre déterminés. Elles sont, de plus, en communication les unes avec les autres, par des circuits, des conducteurs, plus ou moins détournés, influençant peut-être, non pas nécessairement leurs voisines immédiates, mais d'autres cellules placées à distance, et cela par des causes mécaniques variables suivant la répartition de l'activité cérébrale. J'entends ici, bien entendu, cette sorte d'activité qui, en chimie, constitue le travail préparatoire aux réactions.

Enfin, ces relations réciproques peuvent être aussi le fait de ce qu'on appelle d'un mot très juste : l'éréthisme cérébral, l'analogue de ce qu'en chimie on appelle l'affinité, et dont les effets, en général, se règlent conformément au principe du travail maximum.

Ces rapports qui existent entre cellules déterminent, dans l'instant ou dans un temps très court, par des modifications successives et très rapides, l'apparition en notre cerveau d'une image, par exemple, dont les éléments ne sont pas ceux qui ont été fournis par un objet réel, mais par plusieurs objets dont la totalité d'impression première s'exerce sur un champ d'action cérébral qui n'est que partiellement en état d'éréthisme à un instant donné. Ce sont ces actions partielles et associées qui produisent ces images fantastiques que l'on sait, fréquentes surtout dans l'enfance et aux débuts de l'humanité. Des troubles dans la circulation du sang, des acquisitions déréglées et en *nombre insuffisant*, le manque d'exercice dans l'association régulière des impressions primitives : telles sont les causes les plus fréquentes de ces apparitions étranges qui se produisent parfois dans l'imagination.

Il y a probabilité, d'autre part, que ces cellules, qui sont le substratum des phénomènes cérébraux, se comportent d'une façon analogue aux êtres vivants, conservant le type primitif, modifié, de leur potentiel ; comme les animaux, les plantes, leur type dominant d'organisation, au moins pendant un temps déterminé.

Elles se reproduisent certainement, d'ailleurs, prolifèrent par l'intermédiaire, peut-être, de ces granulations dont on constate fréquemment la présence dans les cellules ganglionnaires dans les mêmes conditions que les globules du sang dérivent des leucocytes ou globules blancs. Ceux-ci, en effet, considérés par quelques-uns comme les éléments reproducteurs des hématies, se comportent, à un moment donné de leur évolution comme de véritables germes animés, doués de motilité, se remplissent de granulations qui finissent par rompre leur enveloppe, et s'échappent comme la fovilla du grain de pollen, pour remplir leur rôle fécondant ou même reproducteur.

Que ces cellules dont je parle, ou ces groupes de cellules, restent sans communication avec d'autres cellules ou d'autres groupes, ne dépensent rien, par conséquent! leur *actuel reste constant* et la perception qui, tout entière, est dans le changement, ne se produit pas. Que dans certains états, comme l'état somnambulique ou hypnotique, comme le rêve, l'activité cérébrale soit localisée, ce qui arrive, ou du moins peut arriver! que son champ d'action soit absolument limité et qu'elle rentre ensuite dans l'état constant! Les régions, actives au moment du réveil, n'ayant pas eu de rapports avec la région antérieurement active, la mémoire des perceptions antérieures ne saurait exister.

Par là s'expliquent, ce me semble, nombre de phénomènes obscurs, dont l'interprétation n'apparaît devoir toujours rester vague ou même ne devoir jamais être donnée, si on se place sur un terrain autre que le terrain de la mécanique des systèmes, et si on ne tient pas compte du concept général de potentiel et d'actuel.

A la vérité, la mécanique du cerveau est loin d'être établie avec toute la rigueur qu'exige la science expérimentale et d'observation ; mais, au moins, les fonctions spéciales et principales du système nerveux nous sont actuellement à peu près acquises. Les multiples détails de la topographie nerveuse ne sont pas connus dans leur intégrité, les fonctions élémentaires sont à peine déterminées, et cela se conçoit, si l'on songe à la complexité de l'appareil nerveux et des phénomènes *mécaniques* dont il est le siège. Il reste donc beaucoup à faire aux physiologistes, mais leurs travaux, déjà, nous permettent d'avoir une vue d'ensemble sur les phénomènes de l'esprit, non point en nous cantonnant dans les seules données de la physiologie, mais en nous aidant des autres sciences qui, toutes, s'éclairent mutuellement d'ailleurs et toutes se ramènent à la mécanique.

.   .   .   .

Dans les hémisphères cérébraux, avons-nous dit, les cellules motrices sont placées en dessous des cellules *sensibles*. Elles sont certainement influencées par elles, au point de vue physique et mécanique, comme le sont des *systèmes* en rapport les uns avec les autres, mais l'énergie qui est en elles et qui est susceptible d'être dépensée, de devenir actuelle, peut être différente, plus grande, par exemple. Cette énergie, qui s'écoule vers la région des couches optiques et des corps striés, donne lieu, probablement, *à un travail préparatoire*, déterminant la mise en liberté d'une énergie plus considérable dans les centres nerveux qu'elle rencontre sur sa route, et qui sont eux-mêmes autant de réservoirs d'énergie.

Ainsi le meunier, pour faire marcher son moulin, n'a qu'à lever la vanne qui retient l'eau d'un canal ou d'un étang : aussitôt, grâce à ce travail préparatoire tout à fait minime, la puissance qui dormait dans l'eau, pour ainsi dire, de s'éveiller et de devenir actuelle. Cette énergie qui est mise en liberté dans les hémisphères cérébraux éveille, par approche, d'autres énergies dormantes, et cela jusqu'à la moelle épinière dont nous avons signalé l'activité propre et la capacité à produire des mouvements par elle-même.

C'est de cette façon et par l'intermédiaire des muscles, commandés par les nerfs, que nous manifestons au dehors cette activité, cette motilité qui, pour nous, est la caractéristique de la vie. Mais cette activité, d'où nous vient-elle ? Quelle en est l'origine première ?

Quand les tissus, quels qu'ils soient, fonctionnent, ils dépensent, tout en ayant la possibilité d'assimiler plus qu'ils ne perdent. Cette propriété, qu'ils ne conservent pas indéfiniment d'ailleurs, ne présente en soi rien de ce merveilleux qu'on se plaît quelquefois à lui attribuer ; elle n'est même pas spéciale aux tissus vivants.

L'acide sulfurique, en présence du sel marin, réagit sur ce dernier sans que son action nous paraisse avoir rien d'extraordinaire. Le sel primitif se modifie peu à peu ; il s'accroît même comme substance, tout en perdant quelque chose : du chlore combiné à l'hydrogène de l'acide sulfurique ; ses parcelles se rassemblent identiques et donnent des cristaux plus ou moins volumineux, où, dans les éléments, on retrouve toujours la physionomie, la forme de l'ensemble.

Que les conditions changent, pour le nouveau sel, le sulfate de soude ; qu'il se trouve en présence de la silice à haute température, et il sera *désorganisé*, transformé en silicate de soude. Il n'y a rien d'autre, dans la désorganisation des tissus par ce qu'on appelle les produits morbides !

Laissons de côté les tissus en eux-mêmes, et considérons-les plutôt au point de vue de l'activité dont ils sont le siège. Ils l'entretiennent, dans les conditions normales qui caractérisent la vie, au moyen du sang, de la respiration et de la nutrition ; des transformations s'opèrent, accompagnées de dégagements de chaleur, et par suite, de variations dans l'énergie *en dedans* des systèmes, autrement dit, dans le potentiel. Cette énergie en dedans est caractérisée par des mouvements sur place, ou, si l'on préfère, par des mouvements intérieurs aux systèmes eux-mêmes.

L'important est de savoir d'où elle dérive. Or, en suivant les migrations successives de la matière organique, soit dans le sens de l'organisation, soit dans le sens de la décomposition, on aboutit, comme composés fondamentaux, à l'acide carbonique, à l'eau, à l'azote. L'acide carbonique, formé de carbone et d'oxygène, est un corps brûlé, ayant perdu, sous forme de chaleur, la plus grande partie de l'énergie renfermée dans ses éléments : les atomes de carbone et d'oxygène.

44 grammes d'acide carbonique donnent lieu, en se formant, à un dégagement de 96 calories. Pour ramener ses éléments dans l'état primitif, il faut précisément mettre en œuvre une énergie égale sous quelque forme que ce soit. De même, pour l'eau formée avec un dégagement de 69 calories à partir des éléments.

Le soleil, agissant par ses rayons calorifiques et lumineux, détermine en présence de l'eau et de la chlorophylle des feuilles, une transformation du gaz carbonique contenu dans l'atmosphère. Il se produit de l'amidon, et celui-ci a reçu du soleil quelque chose que n'avaient pas auparavant les éléments dont il est formé, lorsqu'ils étaient engagés dans les systèmes acide carbonique et eau. Ce quelque chose, c'est de la force vive que le système nouveau peut dépenser pour se modifier, devenir du tissu ligneux, par exemple, de la cellulose, du sucre, de la matière grasse, etc. ; car ces produits du règne végétal ne sont autres que des dérivés de l'acide carbonique et de l'eau.

L'azote lui-même, si réfractaire à la combinaison chimique, reçoit une énergie toute spéciale de l'électricité atmosphérique, et peut alors se fixer sur la cellulose, entrer en combinaison avec les éléments des végétaux.

Les herbivores usant des produits du règne végétal pour leur alimentation, leur font subir de nouvelles transformations, tout en utilisant l'énergie qui est en eux ; une partie est brûlée, puis éliminée ; mais l'énergie rendue ainsi disponible est employée à l'organisation du reste, comme la chaleur et la lumière solaires ont contribué à la formation de l'amidon.

Les carnivores, l'homme lui-même, s'assimilent la matière animale qui, par de multiples réactions, est modifiée, organisée, groupée d'autre façon, susceptible alors de travailler à son tour et de dépenser ce qui est en elle.

Je sais à la vérité que par ces aperçus je dois être qualifié de matérialiste, ce qui ne signifie pas grand chose, d'ailleurs, et supplée à tout argument. Mais je dois faire remarquer d'abord que, pour mettre en relief une idée fondamentale, il est indispensable de faire appel à la faculté d'imaginer, de rassembler tous phénomènes qui sont une image, les analogues des phénomènes qui sont en la monade. Par des analogies successives, le lecteur arrive à concevoir plus aisément ce à quoi souvent ses études, son genre de vie, ses idées premières ne l'ont pas suffisamment préparé.

C'est ainsi qu'il peut très bien ne pas concevoir l'unité de substance, autrement que comme matière, à laquelle il attribuera toujours, comme caractéristique, l'étendue.

Les *substances,* en réalité, ne tombent point sous les sens, et nous ne les connaissons qu'indirectement par leurs qualités, par la façon dont elles agissent sur nous. Il ne faut donc pas confondre l'idée que nous en pouvons avoir avec l'idée de matière ; c'est cependant une confusion que font presque toutes les personnes qui, par curiosité d'esprit, et incidemment, abordent ces sortes de questions.

La matière est essentiellement constituée par des *systèmes* de monades ou substances en mouvement, systèmes occupant, par le fait même du mouvement, une certaine portion de l'espace. Pour faire comprendre, par une comparaison, en quoi diffèrent substance et matière, je supposerai le cas très simple d'une monade dont le mouvement sera caractérisé de la manière suivante : il s'effectue sur la surface d'une sphère, suivant la circonférence d'un grand cercle tournant lui-même autour d'un diamètre. La monade, d'autre part, est animée d'un mouvement d'oscillation de faible amplitude dans le sens du rayon. L'oscillation détermine, dans le milieu ambiant des substances, des oscillations analogues, se propageant de proche en proche, venant impressionner l'œil et le cerveau, et nous faire connaître le mouvement oscillatoire, la monade par suite, sous forme de sensation lumineuse.

Si les deux vitesses de la monade dans son orbite, de cette orbite autour d'un de ses diamètres sont suffisamment grandes, la monade nous donnera la sensation d'une sphère lumineuse ; par suite, la sensation et l'idée de l'étendue.

Notre main, d'autre part, placée sur cette sphère, n'y saurait pénétrer à cause des mouvements oscillatoires suivant le rayon, et de l'intervalle de temps infiniment petit que la monade met à passer par une infinité de points de la surface.

A chaque révolution de la sphère, en effet, la monade a décrit, sur la surface, une ligne dont les replis se superposent et se coupent en des points divers. Qu'en un dizième de seconde le nombre des révolutions soit assez grand pour qu'il y ait un million de ces intersections sur la sphère, et les choses se passeront, à cause de la persistance des impressions lumineuses, comme s'il y avait sur la surface un million de points lumineux. On conçoit qu'alors la surface apparaisse lumineuse d'une part, et que notre main, d'autre part, sente pour ainsi dire la monade en tous les points de la surface, comme si cette dernière était continue.

Dans notre entendement, nous recevons alors la notion de la *matière* et non celle de la substance en soi.

Quant à la matière, c'est en réalité « *le lieu géométrique du mouvement de la substance ou des substances,* ou plutôt encore et *en soi* » de l'espace avec un nombre déterminé de monades ou substances en mouvement. Je dis alors, « en soi » car il convient, pour bien concevoir la matière, de la dégager des rapports par lesquels nous en avons connaissance et des propriétés lumineuses ou autres, qui nous apparaissent être ses caractéristiques.

A ne pas préciser suffisamment, on ne s'entend jamais ; c'est ce qui a fait que jamais on n'a pu s'entendre sur la nature de l'âme.

Il y a, comme je l'ai dit, (1) ce qui est substance et ce qui
n'est pas substance, l'espace. Par lui-même, l'espace n'est
rien, c'est le vide absolu, c'est le néant; mais encore con-
vient-il de donner à ces expressions par lesquelles nous le
définissons, leur véritable signification, car les expressions,
les mots ont une importance capitale au point de vue de l'entendement. Ce sont en effet des signes conventionnels par
lesquels les idées fondamentales, les idées simples surtout,
prennent en quelque sorte des contours précis et plus nets.

La substance, pour nous, c'est *quelque chose*, c'est un
substratum, une *essence* enfin ; l'espace qui en diffère, et
dans lequel elle se meut, n'est évidemment plus alors *quelque
chose* ; c'est ce que nous appelons « rien », le vide. Par la
substance et ses mouvements, il entre dans notre entendement, sous l'espèce de *l'étendue,* par suite des formes géométriques, *enveloppes* des formes élémentaires du mouvement.

L'idée d'étendue, celle d'espace sont, en effet, deux idées
différentes, la seconde n'entrant dans notre entendement que
par une extension indéfinie, une généralisation *illimitée* de
la première.

L'espace *limité*, ou *étendue*, avec ses substances en
mouvement, constitue, à proprement parler, une *unité matérielle* d'un ordre déterminé; mais comme il est, en soi,
passif, dépourvu de toute activité propre, on ne saurait
mettre, dans la matière elle-même, la faculté de sentir, de
percevoir les changements qui sont en elle.

Il n'y a que les substances qui soient douées de *perception*.

Toute substance est une âme dans la réalité, et lorsqu'elle
est engagée dans un système de substances, désigné en mécanique sous le nom de système matériel, elle peut se modifier dans son potentiel et son actuel, par suite des influences physiques ; sa variation est alors accompagnée de

---

(1) *Introduction à la philosophie atomistique.*

perception, et lorsqu'elle a pris fin, pour aboutir à l'état constant, la perception disparaît.

Mais elle n'est pas la seule, et dans le même instant, un
plus ou moins grand nombre, en relation les unes avec les
autres par les milieux intermédiaires, peuvent être modifiées,
percevoir simultanément chacune et de façon différente, de
manière à donner une perception complexe.

Que la variation dont j'ai parlé soit caractérisée par une
augmentation de force vive *ε*, par exemple : elle aboutit à une
perception qui dure pendant le même temps que la variation
met à se produire. L'état constant peut persister alors pendant un temps plus ou moins long ; l'idée, ou plutôt la perception première, dorment alors dans la substance, pour ne
s'éveiller de nouveau que par suite de circonstances extérieures, amenant par exemple une variation en sens inverse,
une diminution de force vive *ε*, je suppose. De là une perception symétrique, et en sens inverse de la première, (1)
comme une image est inverse et symétrique par rapport à
l'objet qu'elle reproduit dans un miroir plan. Dans l'entendement, le sens de la variation importe peu ; ce qui importe,
c'est la forme et l'intensité des mouvements qui l'accompagnent, et qui doivent être identiques.

D'autre part, le milieu ambiant peut être tel, que la variation — *ε* terminée, le niveau primitif d'énergie actuelle
soit rétabli dans la substance ou les systèmes de substances.
La perception dure pendant ce rétablissement de l'état primitif jusqu'à l'instant où il est réalisé : elle cesse ensuite.

Tel est le principe fondamental de notre conception générale de la substance et aussi de ce que nous appelons d'une
façon générale : l'âme.

Nous en développerons ultérieurement les déductions
qu'il comporte par rapport aux fonctions du système nerveux.

---

(1) Il y a là un phénomène de réversibilité, caractéristique de la
mémoire. (Voir la note du supplément sur la réversibilité.)

DE LA REVERSIBILITÉ DES PHÉNOMÈNES

Un phénomène est en soi, considéré au seul point de vue mécanique, chose fort complexe, quant à la forme, à l'intensité des mouvements dont il est le siège, quant à la nature des systèmes qui interviennent individuellement dans le corps qui lui donne naissance.

Un courant électrique, par exemple, peut se traduire à la fois par de la chaleur, de la lumière, par des vibrations sonores, par du magnétisme, par du mouvement visible, du travail, enfin, et ces manifestations diverses de l'activité, de *l'énergie* qui lui sont inhérentes peuvent être simultanées, c'est-à-dire se produire toutes ensemble.

Tel est le fait en lui-même! L'électricité peut produire tous ces effets dont je parle et dans le même instant ; mais, dans le cas le plus ordinaire, elle les produit chacun séparament, *au moins de façon apparente*.

L'inverse a lieu également! Avec de la chaleur, de la lumière ou du magnétisme ou du travail enfin, on peut donner naissance à un courant électrique.

D'une façon générale, un phénomène A donnant lieu au phénomène B, ce dernier peut, à son tour, reproduire le premier.

De l'eau à 100 degrés, pour se réduire en vapeur, absorbe une quantité de chaleur égale à 537 calories par kilog. de liquide vaporisé, sous la pression atmosphérique. De la vapeur à 100 degrés, liquéfiée, dégage exactement 537 calories, lorsque la liquéfaction s'effectue dans les mêmes conditions de température et de pression que la vaporisation.

18 grammes d'eau pour se former dégagent 69 calories par la combinaison des éléments hydrogène et oxygène qui la composent ; il les absorbent pour se décomposer.

La plaque vibrante d'un téléphone vibre, lorsqu'on parle devant elle ; elle fait vibrer, par les courants qu'elle détermine dans les fils, la plaque du récepteur et celui-ci reproduit les sons émis.

C'est en cela que consiste la réversibilité.

Ce principe des transformations réversibles qui n'est autre que celui des *transformations de mouvements* combinés avec celui de la *conservation de l'énergie*, ce principe n'est pas encore suffisamment connu, n'étant d'ailleurs définitivement acquis à la science que depuis assez peu de temps.

Aussi n'en a-t-on pas tiré, jusqu'ici, les conséquences qu'il comporte au point de vue de la physiologie et de la psychologie.

La production d'un phénomène de l'esprit est, avons-nous dit, caractérisée par deux processus, l'un extérieur, l'autre intérieur : ce dernier déterminant des modifications déterminées dans la substance nerveuse des hémisphères cérébraux.

Le processus extérieur peut, on le sait, produire à la surface du corps, par exemple, des effets très marqués, antérieurs à la perception qui se conserve ensuite sous forme d'idée. L'inverse peut avoir lieu et l'idée suggérée peut déterminer l'apparition de ces mêmes effets, le processus extérieur faisant défaut cependant.

C'est chez les individus particulièrement bien disposés à l'exagération des rapports entre phénomènes physiologiques et psychiques, les hystériques, par exemple, que l'on peut constater de ces relations dont je parle et qui sont des plus curieuses.

Ainsi l'application d'un vésicatoire produit une certaine impression d'abord, puis les effets que l'on sait, suivis nécessairement de répercussions cérébrales correspondantes.

Qu'on fasse l'inverse sur la personne hypnotisée, c'est-à-dire qu'on éveille les idées consécutives à ces répercussions ! Les modifications cérébrales ainsi produites déterminent les effets physiologiques correspondants, à savoir l'apparition d'un ulcère, d'une vésication sur la partie du corps désignée à l'hypnotisée par l'application en cet endroit d'un simple papier gommé ! (1)

Cet action directe et considérable du cerveau sur les fonctions des tissus a été mise à profit par quelques médecins pour le traitement de certaines affections qui sont dans la dépendance du système nerveux, en tant qu'elles ne sont point le résultat de l'action des produits morbides : celles de l'estomac, par exemple. (2)

Quant aux phénomènes de sympathie, ils ne sont point autre chose que des effets de réversibilité : un milieu joyeux nous rend joyeux, un milieu triste produit l'effet opposé avec ces jeux de physionomie que l'on connaît.

J'ai cité un cas, signalé par Beaunis, où la réversibilité a été particulièrement exagérée, mais il faut dire qu'en général cette dernière n'apparaît pas toujours avec une intensité aussi grande. Le plus souvent, elle se trouve atténuée dans ses effets et cela certainement à cause de la diffusion de l'énergie nerveuse dans l'état de santé. Cette énergie, suffisamment atténuée et en continuel déplacement ne saurait produire d'effets excessifs comme celui que je viens de rapporter et qui résulte d'une concentration trop forte et trop prolongée de l'énergie nerveuse en une région déterminée, dans des conditions morbides toutes spéciales.

TRAJECTOIRES DES COMÈTES ET LUMIÈRE ZODIACALE

Les comètes peuvent être elliptiques, paraboliques ou hyperboliques. Dans le premier cas, la courbe est *fermée* et un mobile qui la parcourt repasse par le même point après

(1) Docteur Beaunis. — *Le somnambulisme provoqué.*

(2) Docteur Voisin. — Comptes rendus de l'Association française pour l'avancement des sciences. Congrès de Nancy.

une révolution complète ; dans le second cas la courbe co-
métaire est *ouverte* et *jamais* un mobile qui la parcourt ne
repasse au même point.

Les comètes paraboliques et hyperboliques nous viennent
des profondeurs du monde sidéral, après avoir parcouru dans
leur course des systèmes autres que le nôtre. Elles se rapprochent du soleil avec une vitesse croissante puis s'en
éloignent pour ne plus revenir *jamais*, à moins que des perturbations, venant des grosses planètes, ne modifient leur
trajectoire au point de leur faire décrire une courbe fermée.

La figure de la page 105 représente deux comètes, l'une à
longue période, la comète de Halley, une autre à courte
période. On voit aisément que les grands axes des orbites
elliptiques ne coïncident pas nécessairement, ne sont même
pas contenus dans un plan commun.

Les comètes sont très nombreuses et nous avons évité,
pour ne pas compliquer la figure, de représenter toutes celles
dont les *éléments* sont connus.

Qu'il suffise au lecteur de supposer leurs trajectoires en-
trelacées, pour ainsi dire, et inclinées de toutes façons sur le
plan de l'Ecliptique.

. . . .

« Quant à la tête des comètes, elle est formée d'un noyau
en partie solide, liquide, gazeux, comme toutes les planètes,
et d'une atmosphère gazeuse plus ou moins épaisse. Mais,
lorsque dans leur gravitation autour du soleil, elles s'appro-
chent de cet astre, leur atmosphère gazeuse, sous sa puissante action attractive, prend une forme ellipsoïdale, allongée
dans le sens du rayon vecteur, qui donne lieu, du côté du
soleil, à ce que l'on appelle leur *chevelure*, et, du côté opposé, à la portion de la queue attenant à la tête, dans lesquels la photographie décèle des rayons divergeant de la
surface de la tête, et l'analyse spectrale révèle l'existence de
certains corps gazeux, entre autres, des vapeurs de sodium.

des carbures d'hydrogène et du cyanogène, qui réflé-
chissent les rayons du soleil. Le reste, épanoui, de la queue,
présente une apparence toute différente : pas de lumière
réfléchie ; dès lors, pas de matière pondérable ; la lumière des étoiles, vues à travers, n'est en aucune façon modifiée par elle, ni pour l'intensité ni pour la direction. Le
mouvement qu'elle exécute autour du soleil, en conservant
toujours une direction opposée, malgré la résistance énorme
de cet astre, ne peut s'expliquer dynamiquement par la gravitation d'une matière pondérable, et ne peut être comprise
que dans l'hypothèse que nous avons faite d'une matière
éthérée, condensée, repoussée par l'atmosphère zodiacale du
soleil, et rendue lumineuse par cette action répulsive même,
qui décroît suivant la raison inverse du carré de la distance,
et dès lors produit, à toutes les distances, un effet sensible à
notre œil, mais seulement quand la tête n'est pas trop éloi-
gnée du soleil.

« L'éther condensé zodiacal reçoit ses variations de force
vive ou sa lumière, de la force vive même du soleil. L'atmosphère condensée des comètes, qui ne devient lumineuse qu'à
l'approche du soleil, emprunte ses variations de densité ou de
force vive atomique qui la rendent lumineuse, à l'action
répulsive émanant de l'éther zodiacal, qui produit par la dilatation, son allongement en queue oppposée au soleil. » (1)

. . . .

« La matière qui nous réfléchit la lumière zodiacale ne
peut pas être considérée comme faisant partie de l'atmosphère
solaire, car elle affecte la forme d'une lentille très aplatie
dont l'arête vive se trouve dans le plan de l'équateur, tandis
que le rapport du petit axe au grand axe de l'atmosphère solaire ne peut pas être inférieur à $\frac{2}{3}$ ... D'autre part, la valeur

(1) A. PICART. *Introduction aux principes mathématiques des lois
générales du monde physique.*

trouvée pour le rayon maximum ou le grand axe montre que cette atmosphère ne peut pas s'étendre jusqu'à l'orbite d'une planète qui circulerait autour du soleil en un temps égal à vingt-cinq jours et demie, durée de sa rotation. Elle ne s'étend donc pas jusqu'à l'orbe de Vénus, ni même de Mercure, tandis que la lumière zodiacale s'étend fort au-delà.

« Il y a donc tout lieu de croire que le fluide zodiacal circule autour du soleil, suivant les mêmes lois que les planètes, et que c'est pour cette raison qu'il n'oppose qu'une résistance insensible à leurs mouvements. » (1)

FORMULE FONDAMENTALE DU MOUVEMENT ATOMIQUE DANS LA THÉORIE DE L'AUTEUR. — DÉMONSTRATION DE LA LOI D'ATTRACTION.

Des tentatives nombreuses ont été faites pour rapporter les lois diverses d'ordre expérimental se rattachant à la physique moléculaire, à une loi unique dont elles ne seraient que des cas spéciaux, pour ainsi dire.

Me basant sur les données acquises à la chimie atomistique d'une part, comme aussi sur des rapprochements entre les données physiques relatives à la chaleur et à la propagation du son, je suis arrivé à formuler une loi fondamentale du mouvement atomique, dont l'application m'a fourni le moyen de retrouver, par calcul, de nombreuses données d'ordre exclusivement expérimental.

Je donne ici la démonstration de cette formule fondamentale, et en même temps la démonstration de la loi d'attraction.

. . . .

Dans ma théorie, j'admets les molécules sphériques comme

(1) RESAL. *Traité de mécanique céleste.*

étant le lieu du mouvement des atomes. Ces molécules sont constituées par un milieu élastique, l'éther, formé de couches concentriques d'atomes oscillants, animés, par exemple, d'un mouvement rectiligne de direction quelconque, mais limité aux deux surfaces enveloppes de la couche.

Dans ces conditions, je considère la molécule A enveloppée par une sphère de mercure ayant une hauteur de 1 mètre et même centre. ·

Dans le cas de pressions exprimées à la façon ordinaire en colonnes de mercure de hauteurs h h' h'', etc., je remplace cette sphère de mercure de rayon 1, par une sphère d'un autre liquide de rayon 1 également, mais dont le poids de l'unité de volume D_1, D_2, D_3, etc., sera lié à celui de l'unité de volume D du mercure à $0°$ par les relations suivantes :

$$S\,h\,D = SD_1 \times 1 = SD_1$$
$$S\,h'\,D = SD_2 \times 1 = SD_2$$
$$S\,h''\,D = SD_3 \times 1 = SD_3$$
$$\cdots\cdots \quad \cdots\cdots \quad \cdots\cdots$$
$$\cdots\cdots \quad \cdots\cdots \quad \cdots\cdots$$

S étant la surface moléculaire supportant la pression.

Cela étant, je partage la molécule de rayon ρ en tranches concentriques d'épaisseur $\delta\rho$, et de même, la sphère enveloppe.

Soit n le nombre des particules oscillant dans le sens du rayon, dans la couche infiniment mince de la sphère enveloppe, μ la masse d'une particule, γ la vitesse d'oscillation. On a, évidemment, pour quantité de mouvement afférente à chaque surface limite de la couche :

$$n\mu\,\frac{\gamma^2}{2\delta\rho}.$$

J'écris alors que la force vive $n\mu\gamma^2$ est égale à la force vive de *pression*

$$4\pi\rho^2.\delta\rho.D_1 g.$$

En effet, la force vive acquise par un corps au bout d'une seconde de chute, bien qu'on l'attribue à une force appelée pesanteur, est certainement le résultat de petits mouvements, de chocs des particules de cette substance, qu'on appelle d'une façon générale l'éther.

La force vive qu'aurait la tranche de la sphère enveloppe en contact avec la molécule peut donc être représentée par

$$n\mu\gamma^2 \qquad \text{et par} \qquad 4\pi\rho^2.\delta\rho.D_1g,$$

ce qui donne l'égalité :

$$n\mu\gamma^2 = 4\pi\rho^2.\delta\rho.D_1g,$$

d'où l'on tire :

$$n\frac{\mu\gamma^2}{2\delta\rho} = 2\pi\rho^2 D_1g.$$

D'autre part, on a pour la première tranche moléculaire en contact avec la sphère enveloppe :

$$n'\frac{\mu'\gamma'^2}{2\delta\rho} \qquad \text{avec la condition} \qquad n'\mu'\gamma'^2 = n\mu\gamma^2,$$

n' étant le nombre de ses particules oscillantes ou atomes, μ' leur masse, γ' leur vitesse.

Ces particules, dans toutes les couches concentriques, jusqu'au centre de la molécule, possèdent la même vitesse, et leur nombre, on le comprend, est proportionnel dans chacune d'elles au carré du rayon.

Si donc on écrit n' sous la forme $n' = n_1^2$ on a, d'après une relation connue :

$$\Sigma n' = \frac{n_1^3}{3}; \quad n_1 \text{ étant très grand,}$$

avec la condition $n_1\delta\rho = \rho$.

Cela étant, il convient de se rappeler que les quantités de mouvement de la forme $n'\frac{\mu'\gamma'^2}{2\delta\rho}$ sont égales pour les deux surfaces limites de chaque tranche. Ces deux surfaces peuvent se rapprocher lors d'une contraction de la molécule, s'éloigner lors d'une dilatation. Dans l'évaluation du travail, lors du déplacement Δ_ρ, on peut donc remplacer les deux surfaces par une seule supportant une pression double :

$$n' \frac{\mu' \gamma'^2}{\delta \rho}.$$

On a, par conséquent, pour somme de toutes les forces intérieures

$$(n' + n'' + n'' + \ldots) \mu' \frac{\gamma'^2}{\delta \rho} = \frac{n_1^3}{3} \mu' \frac{\gamma'^2}{\delta \rho}$$

ou

$$\frac{n_1}{3} n_1^2 \mu' \frac{\gamma'^2}{\delta \rho} = 4\pi \rho^2 D_1 g \frac{n_1}{3}.$$

Pour les amener dans l'état où elles sont dans la molécule, on peut concevoir deux surfaces limites confondues d'abord dans le plan xy, puis écartées également de ce plan, de telle sorte que toutes deux soient à une distance l'une de l'autre égale à $\delta \rho$.

$$x \underline{\qquad\qquad \frac{\delta \rho}{2} \qquad\qquad} y$$
$$\frac{\delta \rho}{2}$$

Chacune de ces surfaces supporte une pression $4\pi \rho^2 D_1 g \dfrac{n_1}{3}$ qui la tient appliquée sur l'autre. Le travail effectué par chacune d'elles dans le déplacement infiniment petit $\dfrac{\delta \rho}{2}$ est égal à :

$$4\pi \rho^2 D_1 g \frac{n_1}{3} \frac{\delta \rho}{2}$$

et pour les deux : $\dfrac{4}{3} \pi \rho^2 D_1 g n_1 \delta \rho = \dfrac{4}{3} \pi \rho^3 D_1 g.$

J'écris alors que la demi-variation de force vive atomique est égale à ce travail et j'ai la formule :

$$\frac{4}{3} \pi \rho^3 D_1 g = M \frac{v^2}{2}$$

M étant la masse des atomes pondérables faisant partie de la molécule v leur vitesse de translation.

Sur la demande de plusieurs savants, pour lesquels cette formule avait l'inconvénient de ne pas apparaître homogène, j'ai modifié récemment la précédente équation et lui ai substitué la suivante :

$$\frac{M}{\delta} D_1 g = \frac{Mv^2}{2}$$

où $\frac{M}{\delta}$ remplace le terme $\frac{4}{3} \pi \rho^3$, δ étant la masse spécifique de l'unité de volume moléculaire.

. . . .

Chacune des couches concentriques moléculaires peut être envisagée, ainsi que je l'ai fait remarquer précédemment, comme limitée par deux surfaces possédant chacune une tension :

$$n'\mu' \frac{\gamma'^2}{2\delta\rho}.$$

Ces deux surfaces jouent en quelque sorte le rôle de lames minces superficielles se rapprochant ou s'éloignant suivant les circonstances. Pour la commodité des conclusions que j'ai à donner, on peut admettre facilement avec moi qu'à partir de la deuxième en venant de la surface de la molécule, ces surfaces limites sont *doubles* et appliquées l'une contre l'autre. C'est ce que représente la notation suivante :

1, 2-3, 4-5, 6-7, 8-9, 10-11, etc.

Or, 2 reçoit dans la direction du rayon et vers le centre une quantité de mouvement

$$n''\mu' \frac{\gamma'^2}{2\delta\rho},$$

tandis que 3, dans le sens opposé, reçoit une quantité de mouvement inférieure et égale à

$$n'''\mu' \frac{\gamma'^2}{2\delta\rho}.$$

Il en résulte que les deux surfaces 2-3 se rapprochent du centre, autrement dit que la couche 1-2 se dilate et la couche 2-3 se contracte. On pourrait, évidemment, à propos des autres, faire la même observation et conclure que la densité de la matière éthérée va croissant vers le centre de la molécule.

L'équilibre final étant réalisé, on a alors, en désignant par a la quantité $\frac{\mu \gamma^2}{2}$

$$\frac{n'a}{\delta \rho'} = \frac{n''a}{\delta \rho''} = \frac{n'''a}{\delta \rho'''} = \ldots$$

$\delta \rho'$, $\delta \rho''$, $\delta \rho'''$..... étant les épaisseurs décroissantes des couches dans leur état réel.

Or, en désignant par ρ', ρ'', ρ''' ..... ρ_n, les rayons des couches successives en supposant qu'elles soient toutes de même épaisseur, on a :

$$\frac{n'}{n''} = \frac{\rho'^2}{\rho''^2} = \frac{\delta \rho'}{\delta \rho''} \ldots$$

L'équation $\frac{\rho'^2}{\rho''^2} = \frac{\delta \rho'}{\delta \rho''}$ dans laquelle les termes tels que ρ' ρ'' ρ''', etc., diffèrent d'une quantité constante $\delta \rho$ montre que l'épaisseur des diverses couches à partir du centre varie comme les carrés des nombres entiers qui en indiquent l'ordre et que par suite la densité varie en raison inverse de la sixième puissance des nombres qui donnent l'ordre de la couche, lorsque ces nombres sont infiniment grands, c'est-à-dire dans le voisinage de la surface.

En effet, si dans la première couche du côté du centre et d'épaisseur $\Delta \rho$ il y a un nombre de particules égal à ν dans la suivante il y en a 4ν. Cela fait dans la première par unité de volume et en désignant par σ la première surface

$$\frac{\nu}{\sigma \Delta \rho}$$

dans la deuxième :

$$\frac{4\nu}{2^2 \sigma (1 + 2^2)^2 \Delta \rho}$$

dans la troisième :

$$\frac{9v}{3^2\sigma(1+2^2+3^2)^2\Delta\rho}$$

et ainsi de suite.

Ici, pour avoir le volume compris entre les enveloppes, je fais simplement le produit de la surface supérieure, limite de la couche de son épaisseur, et cela se conçoit : ces couches étant d'épaisseur infiniment petite, l'erreur commise est absolument négligeable.

Soit maintenant la N° couche et la couche d'ordre N', N et N' étant très grands, tendant vers l'infini. On a pour nombre de particules dans la couche N et par unité de volume

$$\frac{N^2 v}{N^2\sigma(1+2^2+3^2+\ldots N^2)^2\Delta\rho} = \frac{3v}{N^6} = n$$

et dans la couche N' $\quad \dfrac{3v}{N'^6} = n'$

d'où $\qquad \dfrac{n}{n'} = \dfrac{N'^6}{N^6} = \dfrac{d}{d'} \ (m)$

d et d' étant les densités dans les couches d'ordre N et N'.

D'autre part, on a :

(α) $\qquad (1+2^2+3^2+\ldots\ldots N^2)\Delta\rho = \rho.$

(β) $\qquad (1+2^2+\ldots\ldots\ldots N'^2)\Delta\rho' = \rho'$

ρ et ρ' étant la distance moyenne au centre de la molécule des couches considérées. L'épaisseur de celles-ci restant de l'ordre des infiniment petits par rapport à ρ, on peut admettre que ρ et ρ' représentent leur distance au centre.

A cause de NN' très grands, les équations (α) (β) deviennent :

$$\frac{N^3}{3}\Delta\rho = \rho \qquad\qquad \frac{N'^3}{3}\Delta\rho = \rho'$$

d'où : $\qquad\qquad \dfrac{N^3}{N'^3} = \dfrac{\rho}{\rho'}$

et par suite de (m) $\qquad \dfrac{\rho^2}{\rho'^2} = \dfrac{d'}{d}.$

A une distance du centre, suffisamment grande par rapport aux infiniment petits moléculaires, la densité de l'éther est donc inversement proportionnelle au carré de la distance au centre de la molécule. Comme ses particules possèdent partout, dans la molécule, la même vitesse de translation, un mobile qui serait placé dans cette molécule, successivement aux distances ρ et ρ' subirait un choc $\Sigma\mu\omega$ à la distance ρ, et un choc $\Sigma\mu'\omega$ à la distance ρ' Il en résulterait pour lui dans les deux cas des accélérations γ' γ' proportionnelles au choc, l'effet produit par celui-ci étant l'analogue de celui qui serait produit par une force attractive.

$$\frac{\Sigma\mu\omega}{\Sigma\mu'\omega} = \frac{d}{d'} = \frac{\rho'^2}{\rho^2} = \frac{\varphi}{\varphi'}.$$

L'attraction varie donc en raison inverse du carré des distances au centre de la molécule.

SUR UN POINT DE LA THÉORIE DU MOUVEMENT ATOMIQUE (1)

Dans ma théorie du mouvement atomique, je n'ai tout d'abord considéré, comme étant à la base des phénomènes que j'avais à étudier, que le mouvement des atomes : considérés à un point de vue particulier, ces derniers ont été pour moi, tout d'abord, des points matériels.

Mais, si on se place au point de vue chimique et si, en même temps, on déduit de la théorie que j'ai formulée, toutes les conséquences qu'elle comporte, on arrive à reconnaître qu'il n'est pas possible d'admettre l'atome *chimique* à l'état de point matériel. Cet atome n'est pas, en effet, celui qu'indiquent l'étymologie et la définition philosophique ; c'est, au contraire, un système de monades, de points maté-

---

(1) Association française pour l'avancement des sciences. — Congrès d'Oran (Section de Mathématiques).

riels animés de mouvements divers, soumis à des liaisons diverses et caractérisés par ce fait qu'ils suivent le centre de figure de l'enveloppe dans laquelle ils se meuvent, lorsque ce centre se meut lui-même dans l'espace.

Ainsi la molécule d'air en mouvement dans notre atmosphère reste toujours soumise à l'influence du centre de la terre, ou, plutôt, les choses se passent pour elle comme si elle subissait son influence.

Dans ma communication relative aux molécules secondaires *(Congrès de Toulouse)*, j'ai établi la différence qui existe, selon moi, entre ce que j'ai désigné sous le nom de radicaux et les atomes proprement dits.

Ces radicaux qui fonctionnent comme le feraient des atomes (CH), (CH²), (OH), (AzH²), etc., sont, en effet, susceptibles de dissociation et donnent du carbone et de l'hydrogène, de l'oxygène et de l'hydrogène, de l'azote et de l'hydrogène, tandis qu'un atome d'H, par exemple, n'a pas encore donné à la dissociation de système tel que :

$$H = \alpha + \beta.$$

Dans cet atome, cependant, il peut très bien exister quatre vapeurs distinctes au moins, dont les vibrations produiraient ces quatre raies caractéristiques du spectre de l'hydrogène, absolument comme quatre cordes de piano différentes donnent quatre notes, différentes elles-mêmes.

Il y a, en un mot, des mouvements *en dedans* et des mouvements *en dehors :* les premiers constituant le *potentiel* chimique, les seconds l'*actuel*.

L'atome est alors l'analogue d'une planète ou d'un soleil; il est susceptible, comme eux, de passer par des états divers, du même genre que ceux que nous désignons sous le nom d'états solides, liquides ou gazeux.

J'ai pensé devoir donner à la Section de Mathématiques ces quelques indications indispensables, selon moi, pour donner une idée exacte de ma manière de voir d'abord, pour appuyer ensuite mes déductions.

Au point de vue mathématique, on peut envisager la question de l'énergie atomique et moléculaire comme je l'ai fait à propos de la condensation des vapeurs (*Congrès de Nancy*) :

« Au moment où le changement d'état commence, les choses se passent, en effet, *comme si le centre exerçait sur la surface moléculaire une attraction variant en raison inverse de la distance pendant toute la durée du phénomène.* »

Cette déformation se fait dans un temps infiniment petit : je la considère comme *instantanée*. Lorsqu'elle est réalisée, en vertu de mon théorème fondamental du mouvement atomique :

$$M\frac{v^2}{2} = \frac{4}{3}\pi R^3 pg = \frac{M}{d}pg,$$

il vient :

$$M\frac{V^2}{2} = \frac{4}{3}\pi r^3 Pg = \frac{M}{d'}Pg.$$

M, masse moléculaire; v, V, vitesses initiale et finale; R, r rayons initial et final; p, pression superficielle, quand la molécule est gazeuse; P, attraction superficielle, quand elle est liquide; d d', densités moléculaires initiale et finale (1).

Au moment où commence la déformation, l'attraction superficielle est égale à $\frac{3M}{d} \times \frac{pg}{R}$; à l'unité de distance elle est représentée par $3\frac{M}{d}pg = K$ et à la distance λ par $\frac{K}{\lambda}$. Le travail effectué pendant la variation est égal à l'intégrale de

$$\frac{K}{\lambda}\delta\lambda = K \operatorname{Log} \frac{R}{r} = \frac{K}{3} \operatorname{Log} \frac{R^3}{r^3}.$$

J'écris qu'il est égal aussi à $\frac{MV^2}{2}$, ce qui donne :

---

(1) Voir, pour la démonstration de ce théorème : *Congrès de Toulouse*, Sect. de Math. Homogénéité de la formule fondamentale du mouvement atomique. — Voir le même mémoire à propos de la signification précise de p, dans le cas de la première forme $\frac{4}{3}$ R³pg.

$$\frac{MV^2}{2} = \frac{M}{d} \, pg \, \text{Log} \, \frac{R^3}{r^3} \, (1).$$

On en conclut : $\qquad \dfrac{V^2}{v^2} = \text{Log} \, \dfrac{R^3}{r^3} \qquad\qquad$ (a)

D'où vient cette augmentation dans la force vive de translation des atomes ? Du dedans des atomes eux-mêmes.
Leur énergie interne est devenue en partie de l'énergie de
translation et l'agrégation du corps, de la molécule a augmenté, l'attraction superficielle P étant liée à p, tension maxima de la vapeur à la même température, par la relation :

$$P = p \, \frac{R^3}{r^3} \, \text{Log} \, \frac{R^3}{r^3}.$$

C'est ainsi que, pour l'eau, l'attraction superficielle moléculaire équivaut à une pression extérieure de 14,000 atmos-
phères environ.

Si, dans ces conditions, on fait à la limite $r = 0$ dans l'é-
quation (a) on a $V^2 = \infty$, et, par conséquent, $MV^2 = \infty$,
$P = \infty$.

Le point, qui est la limite du système moléculaire, est
donc, dans ce cas, doué d'attraction ; son énergie, d'autre
part, est devenue toute potentielle, et cela se conçoit aisément : il se meut sur lui-même. Cette énergie, enfin, est
devenue infinie.

Nous avons considéré, ici, le cas d'une déformation moléculaire accompagnée d'un changement d'état et pendant laquelle les atomes sortent pour ainsi dire l'énergie qui est en
eux ; celle-ci se manifeste alors par une attraction. Mais,
toutefois, si l'énergie est, comme je l'ai dit, potentielle, et si
elle se manifeste par des mouvements multiples et complexes
du point sur lui-même, il convient de remarquer que, par
rapport à ce point, elle est *intégralement superficielle*.

---

(1) Voir *Congrès de Nancy*, la théorie des chaleurs latentes de vaporisation.

Il peut se faire maintenant que les changements d'états dont j'ai parlé ne se produisent pas, et qu'on opère à une température dépassant le point critique.

On peut alors supposer deux cas : ou bien la compression moléculaire se fait à température constante, ou bien la chaleur, qui résulte de la compression, s'emmagasine dans la molécule et augmente la force vive de translation atomique.

Dans le premier cas (1) il ne sort évidemment rien des atomes, mais la tension moléculaire de la forme $AM \dfrac{v^2}{r}$ augmente à mesure que r diminue, et le travail effectué par la force extérieure, qui produit la déformation, est évidemment infini et de la forme :

$$AMr^2 \operatorname{Log} \frac{r}{0},$$

lorsque la molécule se réduit à un point.

En parcourant le même cycle, et dans les mêmes conditions, mais en sens contraire, le point, devenant molécule, produit par lui-même un travail identique, mais de sens contraire lui-même. Son énergie qui, cette fois, est *en dedans* et non *superficielle* comme précédemment, se manifeste par une tension, par une répulsion infinie et au contact évidemment avec un autre point, lorsque l'on considère la molécule *limite* : à savoir la monade.

Lorsque cette énergie est *superficielle* à la monade, il y a *attraction* ; lorsqu'elle lui est intérieure, il y a *répulsion*.

Ce sont là des conceptions *limites* que je soumets à la Section, parce qu'elles m'apparaissent devoir m'être très utiles dans la suite des développements de ma théorie et, peut-être, quant à l'acquisition de vues nouvelles.

Elles m'ont, je dois le dire, été inspirées par une lecture attentive de la *Monadologie* de Leibniz, œuvre d'une

---

(1) Je ne considère pas ici le second cas, car les conclusions que je tire de l'examen du premier s'appliquent *a fortiori* au second.

conception puissante et dont le principe fondamental suffit, à lui seul, à caractériser le génie de l'illustre philosophe.

SUR LA RÉFRACTION

Nous voyons les objets dans la direction des rayons lumineux qui en émanent, des ondulations lumineuses qui se propagent vers notre œil.

Lorsque les rayons lumineux passent d'un milieu dans un autre, sous une incidence autre que la normale, ils subissent une déviation et l'objet dont ils émanent est vu suivant leur nouvelle direction, c'est-à-dire dans une position autre que la réelle.

Après déviation, ces rayons portent le nom de rayons réfractés. Dans certains cas, même, il peut y avoir double réfraction, comme à travers un cristal de spath d'Islande (calcaire cristallisé). On voit alors deux objets, au lieu d'un seul.

On peut d'ailleurs réaliser cette double vision de la façon suivante : On regarde une fente lumineuse, directement avec l'œil gauche par exemple, à travers un prisme avec l'œil droit. On voit alors nettement deux fentes lumineuses au lieu d'une seule.

C'est la réfraction des rayons solaires, à travers l'atmosphère, qui nous fait voir cet astre, alors qu'il est déjà couché, ou qu'il n'est pas encore levé.

C'est elle encore qui donnant lieu à une décomposition de la lumière blanche, détermine le matin et le soir ces effets connus de coloration à l'horizon et qui sont parfois d'un si merveilleux spectacle...

Je me borne à ces quelques détails qui donnent une idée suffisante de la réfraction et des erreurs auxquelles elle peut donner lieu.

QUELQUES REMARQUES A PROPOS DU CERVEAU

Flourens, dans ses expériences sur les hémisphères cérébraux, pratiqua l'ablation totale d'un des lobes ou des deux
à la fois ; il fit encore des incisions complètes dans le sens
de la longueur ou dans le sens transversal.

Ce sont les résultats obtenus que je me propose de
signaler ici même, ainsi que les conclusions et observations
qui en découlent. Je cite l'auteur :

« J'enlevai sur un pigeon par couches mesurées et
ménagées toute la portion antérieure du lobe cérébral droit
et toute la portion supérieure et moyenne du gauche.

« La vue s'affaiblit de plus en plus et petit à petit, à
mesure que j'avançai et ne fut totalement perdue des deux
côtés qu'à la suppression des couches voisines du noyau
central des deux lobes. (En dehors du corps calleux, se
trouve un noyau, composé principalement de la couche
optique et des corps striés.)

Dès qu'elle fut perdue, l'audition le fut aussi et avec
l'audition et la vue, toutes les facultés intellectuelles et
perceptives. »

Même résultat, quand on enlève par portions successives
toute la portion extérieure et postérieure des deux lobes
cérébraux, jusqu'à quelques lignes du noyau central.

Même résultat encore lorsqu'on enlève successivement
les couches supérieures, postérieures et antérieures.

« Les divers organes des sens ont chacun une origine
« distincte dans la masse cérébrale. Le principe primordial
« de l'action de la rétine et du jeu de l'iris réside dans
« des tubercules trijumeaux (chez les oiseaux), quadriju-
« meaux (chez l'homme). Pareillement, les sens de l'odorat,
« du goût, de l'ouïe, tirent, comme la vue, leur origine

« particulière du renflement qui donne naissance à leurs
« nerfs. »

On peut donc, en détruisant séparément chacune de ces
origines particulières, détruire séparément chacun des quatre
sens qui dérivent d'elles ; et l'on peut au contraire détruire
même tous ces sens, du moins tout leur résultat, d'un seul
coup, par la seule destruction de l'organe central où leurs
sensations se transforment en perceptions.

A ces renflements dont parle Flourens, il convient d'ajouter
ceux qui caractérisent la sensibilité générale ou tactile et
qui sont placés entre les renflements optiques et auditifs.

Dans les sections longitudinales des lobes cérébraux,
Flourens a vu se produire une tuméfaction considérable
accompagnée de la disparition des facultés intellectuelles et
perceptives ; lorsqu'elle se fut dissipée, l'animal en expériences, reprit peu à peu toutes les facultés qu'il avait
perdues.

Une section transversale amène, au contraire, la disparition
complète et sans retour des facultés intellectuelles et perceptives. Cette section sépare, en effet, une portion de
l'organe de ses racines et cette portion, ainsi séparée, meurt.

C'est qu'en effet, partent de la région des couches
optiques, des fibres émanant des racines et se portant vers
la couche corticale. Les faisceaux, très resserrés vers le
noyau se dirigent alors vers la surface, ce qui explique les
résultats obtenus par les sections successives.

A propos de ses expériences, Flourens fait remarquer
que la régénération de substance n'existe pas dans les
plaies du cerveau et que les tuméfactions disparues, on voit
que ce qui a été enlevé, manque.

Il ne faudrait pas cependant en conclure que les éléments
cellulaires ou autres du cerveau ne soient pas doués de
prolifération. Ils évoluent pendant un temps déterminé,
s'engendrent certainement les uns les autres, mais cette
évolution n'a pas, je dois le faire remarquer, pour conséquence nécessaire, la régénération des parties détruites,

même dans le jeune âge. Des soudures peuvent s'opérer, comme il arrive pour les os, et rétablir alors l'intégrité des fonctions, comme il arrive pour les sections longitudinales ; mais c'est à cela que se borne le rôle régénérateur de la substance non altérée et des éléments nutritifs qui lui sont constamment envoyés.

Il peut se faire, en un mot, que le nombre de cellules ou autres éléments nerveux, croisse jusqu'à un âge déterminé, comme augmente le nombre de globules sanguins contenus dans le corps, depuis le moment de la naissance jusqu'à celui de l'âge adulte ; mais il peut se faire aussi que les cellules détruites ne soient pas remplacées, comme peuvent l'être les globules de sang. La comparaison d'ailleurs, ne doit pas être poussée plus loin qu'il ne faut, les globules étant sans liens entre eux, mobiles, alors que les cellules ne le sont pas et sont liées les unes aux autres.

Si de nouvelles liaisons peuvent s'établir, il ne s'ensuit pas nécessairement que des liaisons détruites, des solutions de continuité *un peu considérables,* puissent être remplacées par de nouvelles liaisons et de nouvelles cellules (1).

Comme je ne saurais rappeler toutes les expériences faites sur le cerveau, je laisserai de côté les faits relatifs à la congestion cérébrale par épanchement, accumulation de pus, blessures, etc., congestion accompagnée de stupeur, assoupissement et dont on arrête les effets par l'opération du trépan : je laisserai de côté également, l'action de substances chimiques, narcotiques et autres.

Ce que je dirai des expériences de Flourens, c'est qu'ayant porté sur des animaux, elles ne sauraient être suivies de conclusion, quant à ce facteur important de notre vie intellectuelle que nous appelons la mémoire. La destruction limitée d'un lobe n'entraîne pas la perte de l'intelligence, mais n'entraîne-t-elle pas la perte de la mémoire, quant à cer-

---

(1) On ne constate cette régénération de parties que chez certaines espèces : les lézards, les salamandres, par exemple, ces dernières surtout.

taines acquisitions antérieures? C'est chose qui, si elle n'est pas absolument démontrée, apparaît, maintenant du moins, fort probable.

L'hypothèse de réseaux, pour la conservation de diverses catégories d'acquisitions, l'hypothèse des localisations enfin, est la seule d'ailleurs qui rende compte de ces variations singulières de la personnalité dont on a surtout parlé dans ces dernières années.

Les hystériques, on le sait, sont sujettes à des crises dont certaines affectent la forme de la paralysie. En pareil cas, la paralysie peut très bien ne s'étendre qu'à certaines ré-

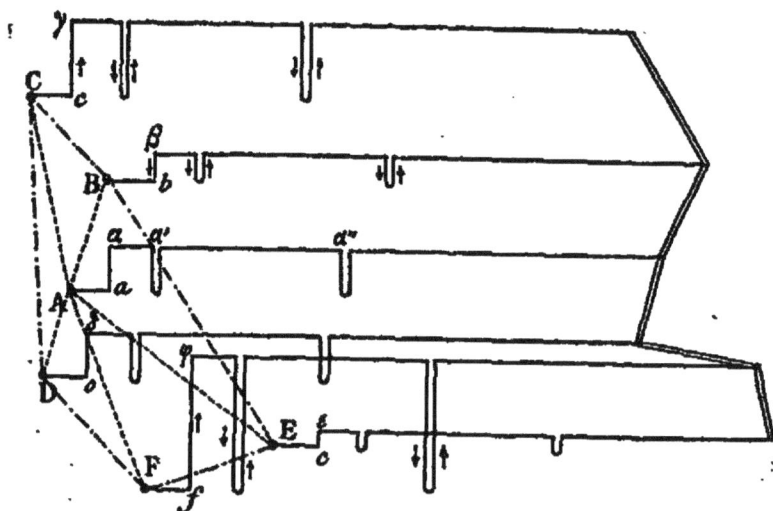

Figures schématiques relatives au phénomène de mémoire (Voir ci-contre).

Les deux systèmes ABCDEF, A'B'C'D'E'F' représentent des cellules communiquant entre elles, les deux groupes étant eux-mêmes en rapport l'un avec l'autre. Les cellules du premier groupe reçoivent une impulsion complexe caractérisée pour chacune d'elles par une variation différente de l'énergie actuelle. Cette variation se produit au bout d'un temps t à partir d'une époque donnée prise pour origine : elle est représentée pour chacune d'elles par les lignes verticales, et le temps au bout duquel elle s'effectue, par les lignes horizontales. Les lignes descendantes représentent de l'énergie perdue, les ascendantes de l'énergie récupérée. Au temps t il y a impression proprement dite dont les éléments ont chacun pour caractéristique une énergie différente $a\alpha$, $b\beta$, $c\gamma$, $d\delta$, $e\epsilon$, $f\varphi$. Au bout du temps $t=a\alpha'$ il y a réminiscence des éléments de l'impression première, de même au bout du temps $t''=a'\alpha''$. Les lignes horizontales caractérisent à la fois une durée et un état constant de l'énergie cellulaire pour lequel il n'y a pas réminiscence.

gions du cerveau, dans lesquelles la circulation du sang est plus ou moins complètement suspendue, alors qu'elle se continue dans d'autres. Ce sont ces variations et ces déplacements du champ de l'activité cérébrale, par des paralysies partielles et temporaires, qui expliquent, le mieux encore, ces curieux phénomènes observés par Azam, Bouchut et d'autres.

Entre les régions actives et les régions momentanément paralysées, toute communication est suspendue : la mémoire reste donc muette quant à de certaines acquisitions, les re-

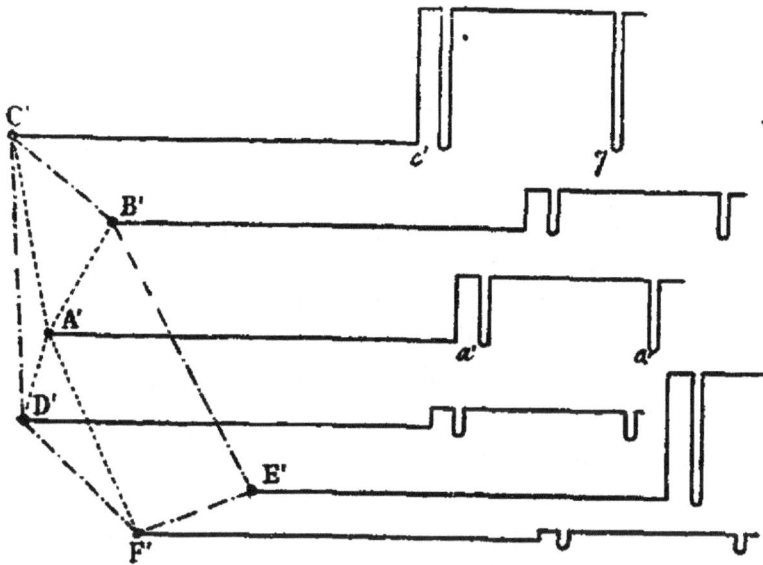

Cette figure représente des cellules dont les acquisitions ont eu lieu à une époque $T = A'a'$ et se sont reproduites une fois avant l'époque $T' = A'a'$. A ce moment elles se reproduisent de nouveau. A cause des relations établies entre les deux groupes de cellules, dans l'état ordinaire, dans l'état de santé, les choses se passent de telle sorte que la répétition du phénomène primitif est immédiatement suivie de la répétition du phénomène de perception du premier système, lequel correspond à une époque de la vie antérieure. Mais dans le cas où le système A est paralysé, exsangue, l'état constant y persiste et il n'y a pas de réminiscence.

versibilités successives qui caractérisent le phénomène de mémoire s'arrêtant à la frontière de la partie paralysée dans laquelle pourraient se manifester *les réversibilités der-*

nières, caractérisques des acquisitions primitives sur lesquelles on interroge le sujet.

Mais cette portion, muette actuellement, où dorment les souvenirs, elle peut s'éveiller à son tour, les autres éprouvant les effets de la paralysie. La modification peut alors être telle, que le sentiment de la personnalité s'est trouvé complètement modifié.

———————

Avant de terminer le premier volume de cet ouvrage, où je me suis proposé d'esquisser les principes fondamentaux de la *philosophie atomistique*, je tiens à préciser, plus encore que je ne l'ai fait, la pensée qui m'a guidé, en dehors de celle qui se rapporte plus spécialement à la recherche des solutions purement scientifiques et philosophiques.

Et j'attache une certaine importance à ces observations, parce que je me propose de reprendre ultérieurement ce premier volume d'une œuvre d'ensemble, consacrée tout entière à l'atomisme et d'en élaguer, le plus possible, tout ce qui a trait aux choses de politique et de religion. Celles-ci d'ailleurs auront leur place tout indiquée, dans des publications toutes spéciales et ne constitueront plus des digressions dans l'exposé rigoureux de la doctrine.

Enumérer les considérations diverses pour lesquelles j'ai adopté cet ordre spécial qui règne dans l'ouvrage, m'entraînerait trop loin.

Qu'il me suffise de dire que j'ai tenu compte surtout de cette disposition d'esprit, qui est d'à présent et peu favorable à la lecture d'œuvres suivies et se rattachant à la philosophie. C'est pourquoi j'ai préféré donner à ce premier volume cette allure de mélanges politiques, philosophiques et scientifiques.

Aussi bien, y a-t-il encore cette autre raison, qu'on ne doit nullement se désintéresser de la chose publique, que l'on peut, en toute justice, se préoccuper de faire servir ses vues philosophiques personnelles à l'amélioration de l'ordinaire intellectuel et social. Dans le moment présent, n'est-ce pas une nécessité qui s'impose à ceux qui le peuvent faire, quelle que soit leur manière de voir?

Nous sommes arrivés, on ne le saurait nier, à une heure décisive où chacun s'attend à tout et pressent un renouvellement prochain des choses sociales. Mais, en même temps, nous pouvons constater aisément que ce qui caractérise la plupart, c'est l'indifférence en présence de cet avenir, qu'ils ne soupçonnent nullement ou qu'ils espèrent reculer indéfiniment, de façon à n'en être pas troublés dans leur quiétude et dans leur apathie ; c'est aussi l'absence de volonté, en dehors de celle qui a pour objet la satisfaction des appétits personnels et de parti ; c'est enfin l'absence d'un mouvement intellectuel qui prépare la voie aux prochaines solutions politiques et sociales.

Beaucoup, il est vrai, qu'on appelle les dirigeants d'aujourd'hui, sont arrivés à la fortune, par les seules affaires, indépendamment d'une suffisante culture intellectuelle ; à l'influence, par toutes sortes de moyens et qui n'ont plus, lorsqu'ils la détiennent, les facultés d'attention, d'assimilation indispensables pour s'élever au niveau de leur condition nouvelle. A ceux-là, il manque essentiellement cette haute influence morale qui est toute l'autorité, et par laquelle on apaise ces inquiétudes qui sont, à de certains moments, de l'esprit humain et de l'ordre politique ; à ceux-là, enfin, il manque surtout ce caractère, cette volonté qui viennent d'une « juste » confiance en ses propres forces et moyens intellectuels. La sujétion, source de corruption, devient alors, par une loi de nature, leur état habituel, par rapport aux coteries et par rapport à ceux qui, mieux doués, ont intérêt à les conduire, pour les faire servir à la réalisation de leurs visées « personnelles ».

Il convient d'en faire deux catégories ! Ou bien, ils sont
de cette bourgeoisie de marchands enrichis, d'instruction à
peu près nulle et d'horizon très borné et qui entrent, pour
une bonne part, dans la constitution des « nouvelles couches
sociales » ; ou bien ils sont de cette autre bourgeoisie des
classes dites « libérales » dont l'instruction s'est faite sous
l'Empire et a conservé, de nos jours encore, ce caractère de
spécialité étroite qui la caractérise. Si cette dernière catégorie surtout, qui a détenu le pouvoir, qui le détient encore, n'avait fait que subir cette triste fatalité de l'enseignement d'alors, et plus spécialement de l'enseignement
philosophique, il n'y aurait alors que demi-mal, car on peut
toujours, quand le moral et la volonté ne sont pas atteints,
remonter un courant intellectuel quelconque ; mais ce qui
est surtout fatal à l'individu, c'est l'influence des mœurs do-
minantes. Or, celles de l'époque impériale ne pouvaient
agir autrement sur la masse qu'en dépravant le sens moral :
c'est ce qui s'est produit, surtout pour les « dirigeants » et
aussi les futurs dirigeants, d'autant que ceux-ci, fort souvent
besoigneux et fatigués par ce qu'ils appellent « la vie », ont
une conception du pouvoir qui leur est toute spéciale et s'accorde parfaitement avec ce scepticisme égoïste qui est le
leur, surtout quand ils arrivent en âge d'être « sénateurs ».

On s'en plaint aujourd'hui, et ceux qui s'en plaignent
le plus, peut-être, sont encore ceux-là qui ont le plus
contribué à créer cet état moral, cet état d'esprit qu'ils re-
prochent à leurs mandataires, comme si l'on n'avait pas toujours, en politique, la direction que l'on mérite.

Qui donc a gouverné, depuis nombre d'années déjà, sinon
des comités souverains, dont les députés et sénateurs étaient
les humbles et fidèles représentants, et dont les appétits
étaient aussi nombreux qu'amplement satisfaits ? Il n'y avait
alors pas de raison pour que les intrigues et les marchan-
dages d'en bas, ne se reproduisissent pas en haut, faisant
oublier toutes les promesses dont on était pourtant si pro-
digue dans les programmes, promesses auxquelles, d'ailleurs
on était incapable de trouver une solution convenable.

D'autre part, les dirigeants d'il y a dix ans, sont-ils tellement fondés à critiquer cet état de choses ? N'est-ce pas précisément à leur déchéance morale, qu'ils doivent avant tout, d'avoir été éliminés des affaires publiques ?

L'expérience de l'Empire, celle des pouvoirs cléricaux des 24 mai 1873 et 16 mai 1877 ont suffi à éclairer ceux d'en bas sur la valeur réelle de ceux d'en haut, et des conventions, des fictions par lesquelles ils justifient (!) leur prétention « d'honnêtes gens » à posséder le pouvoir, à dispenser et à s'attribuer les honneurs, les influences et les grasses prébendes.

Qu'était-ce en effet que l'Empire ? sinon la consécration du crime, du vol et de l'assassinat, par toute la catégorie des honnêtes gens et en particulier par la magistrature et par la très-sainte Eglise romaine.

Et pourtant, a dit Victor Hugo, « c'est ce qui a été,
« qui devait être. Redisons-le, sous cette victoire mons-
« trueuse et à son ombre, un immense et définitif progrès
« s'accomplit. Le 2 décembre a réussi, parce qu'à plus
« d'un point de vue, il était bon, peut-être, qu'il réussît.
« Il était nécessaire, en effet, que l'ordre arrivât au bout
« de sa logique. Il était nécessaire que l'on sût bien et qu'on
« sût à jamais que, dans la bouche des hommes du passé,
« ce mot : Ordre, signifiait : faux serment, parjure, pillage
« des deniers publics, guerre civile, conseils de guerre,
« confiscation, séquestration, déportation, fusillades, police,
« censure, déshonneur de l'armée.... viol des lois, mas-
« sacre, trahison, guet-apens. Le spectacle qu'on a sous
« les yeux est un spectacle utile. Ce qu'on voit en France
« depuis le 2 décembre, c'est l'orgie de l'ordre. »

Bien des fictions ont disparu, ou du moins, la force en a diminué dans le peuple et la considération *a priori*, le respect qui s'attachent à la condition, en ont reçu une singulière atteinte.

Des gens de la magistrature et du clergé, n'est-on pas en droit de dire, après l'épreuve de l'Empire, qu'ils font de la justice, de la religion un métier, et qu'ils sont magistrats et prêtres, comme d'autres sont simplement charcutiers.

Jouir à outrance, exploiter le pouvoir et exprimer tout ce qu'il peut donner, telle a été la règle mise en pratique pendant vingt ans par nos dirigeants, par nos hommes d'ordre et de religion.

Comment de telles mœurs n'auraient-elles pas déteint sur la masse, de laquelle sont sortis, en somme, nos hommes « politiques » d'aujourd'hui.

Mais le mal le plus sérieux dont la France ait souffert, dont elle souffre encore, par le fait de ce honteux régime, c'est le cléricalisme qui a profité des besoins naturels au despotisme, pour s'implanter avec plus de force que jamais.

Pendant vingt ans, il y a eu, sur la terre d'Europe, un cadavre sur lequel les corbeaux se sont déchaînés, goulus, avides de chair morte, et pendant ces vingt ans, ils ont pullulé sous l'espèce de congréganistes de tous genres.

En ces temps heureux, l'enseignement était soigneusement épuré de ce qui pouvait éveiller la pensée libre, et la jeunesse chrétienne pouvait se nourrir de cette littérature idiote, monstrueuse par sa duplicité, sa bêtise, et qui s'autorisait du patronage de nos seigneurs les évêques.

Ils avaient, ces gens-là, une telle confiance dans l'efficacité des moyens employés par eux pour abrutir le peuple, qu'ils ont eu l'audace, aux temps de l'Assemblée nationale, de renouveler des mascarades d'un autre âge, la farce des reliques et des miracles! Cela suffit à les juger!

Battus, ils ont profité des fautes commises, pour se réorganiser en silence et pour servir de lien, d'intermédiaires entre les partis monarchiques.

Ils espèrent reprendre le pays, par leurs écoles d'abord, et en se livrant, plus que jamais, au placement des produits de « certaines carrières libérales », en usant de leurs relations, pour procurer aux autres les avantages qu'ils en attendent.

Donne-moi de ce que tu as et je te donnerai de ce que j'ai : telle est leur maxime.

Et c'est en se livrant, sous un masque hypocrite, à la constitution d'une *clientèle*, en faisant appel à tous ces instincts
qui n'ont rien de commun avec les principes de « morale
religieuse », qu'ils accroissent et leur fortune et leurs propriétés et leur influence surtout. La religion, pour eux,
n'est en un mot qu'une simple étiquette, une vulgaire raison sociale.

Mais c'est par là même qu'ils se condamnent à un écrase-
ment prochain; ils ont d'ailleurs servi, et cela d'une façon
évidente, de lien, de colle aux partis qui donnent l'assaut
à l'Etat républicain, pour qu'à la prochaine législature, la
question ne soit pas définitivement résolue.

L'heure des solutions radicales est arrivée, et la France
doit décider si elle sera à l'Eglise ou à elle-même. Mais si
elle déclare qu'elle entend rester maîtresse de ses destinées,
il importe, sous peine de forfaiture, à la nouvelle Chambre,
de dissoudre toutes congrégations et de débarrasser le pays
de cette lèpre envahissante.

Quelques appels qu'on fasse au sentiment pour éviter des
solutions inéluctables, de quelque politique que l'on se cou-
vre, il est impossible que la question électorale se présente
autrement qu'elle n'est en réalité.

La France moderne est appelée à choisir entre le cléricalisme et la société laïque !

. « Conservateurs » et cléricaux forment un seul et même
parti, les premiers étant *aujourd'hui* liés aux derniers par
des obligations strictes, dont ils ne sauraient se dégager,
quelque volonté qu'ils en eussent.

Ce n'est pas que des hommes appartenant aux partis
« conservateurs » ne soient de véritables libéraux et ne
s'écartent dans leur for intérieur de la doctrine et de la
politique cléricales; mais la politique est une chose tellement étrange et qui fausse si souvent les meilleurs esprits,
qu'elle fait presque — par les *suggestions* dont elle est la
source, — une chose naturelle des idées et des procédés que l'on
réprouve, alors qu'on est en possession de son libre arbitre

et qu'on juge des choses, autant qu'il est possible, en dehors des préjugés et des influences du milieu où l'on vit, où l'on est englobé, et duquel aujourd'hui surtout, on n'ose presque jamais sortir, pour des raisons que l'on devine. Et c'est l'influence cléricale, qui actuellement, fait obstacle plus que toute autre, à l'évolution de ces hommes dont je parle et dont la place autrement serait marquée dans les conseils du pays, soit par leurs aptitudes, soit par leur caractère même!

Mais le peuple, guidé *par un instinct sûr*, les écarte obstinément du pouvoir, par cela même qu'ils s'attardent obstinément aussi dans la contemplation, dans la conservation d'institutions condamnées par l'expérience politique et par les *lumières nouvelles* qui sont de notre époque. L'Eglise est de celles-là.

Aussi ce doit-il être un service rendu à tous, au nom même de la liberté des rapports entre citoyens, et dans l'intérêt de la *paix sociale,* d'obliger quiconque se présentera sous l'étiquette républicaine à se prononcer pour la solution radicale de la question cléricale et d'éliminer les incapables de la Chambre actuelle, sans idées *déterminées* en quoi que ce soit.

En sera-t-il ainsi et pourra-t-on faire abstraction de ces rivalités personnelles, de ces haines même qui divisent les deux fractions du parti républicain ?

Les partisans des mesures révolutionnaires peuvent désirer l'occasion de voir se réaliser ce désaccord, cette séparation inintelligente, de la part des modérés surtout ; mais les derniers voient-ils donc sans inquiétude cette perspective désastreuse pour eux, de voir sauter d'un coup, cette carapace dont le premier Empire a enveloppé soigneusement la société moderne, et cela, tout à leur avantage ?

Tout cela dépend des élections prochaines et d'accidents aussi que l'on ne saurait prévoir.

Y a-t-il, d'autre part, des fatalités organiques pour les institutions sociales, comme il y en a pour les individus, et la révolution est-elle comme la fièvre salutaire, qui prévient la décadence et la mort par une crise violente? L'histoire est là, qui n'est pas faite précisément pour nous éloigner de cette opinion.

Il y a quelque chose de trop dans le corps social et qui n'est plus fait pour son organisme, qui l'énerve et qui l'agite : c'est l'Eglise, à commencer par les congrégations ; il faut que cela s'élimine. Le plus tôt sera le mieux.

Faire des divisions, faire des exceptions serait d'une naïveté impardonnable, ce serait encore se condamner, pour un temps au moins à être dupes. L'Eglise et ses congrégations ne font qu'un, celles-ci tenant l'autre dans une complète dépendance, grâce à la fortune et aux influences dont elles disposent en propre.

Sont-elles donc si sacrées ces congrégations qui ont fait de la religion catholique la plus féroce, la plus sanguinaire qui ait jamais existé et qui grâce aux fureurs atroces de l'Inquisition ont anéanti la fiction dont se couvrent les gens d'Eglise ? C'est ce que l'on ne sait pas assez dans le peuple ; c'est ce qu'il faut lui faire connaître, c'est ce qu'il faut lui remettre sans cesse sous les yeux jusqu'à ce que les solutions nécessaires aient abouti.

A l'audace de ces gens-là, il faut opposer une audace plus grande encore ? Trop de gens d'ailleurs ont l'habitude de craindre, là où il n'y a nul danger et attachent, par rapport à eux, une importance trop grande aux procédés d'intimidation cléricale.

Les cléricaux, que l'on me passe l'expression, sont avant tout des épateurs ; ils procèdent pour étonner, par affirmations catégoriques. sachant par expérience, que c'est encore le meilleur moyen d'imposer leurs suggestions, quelque hasardées qu'elles soient, aux cerveaux d'ignorants.

Dans un autre ordre d'idées, ils prétendent identifier Dieu et la religion, ce qui peut avoir une certaine influence auprès du peuple ignorant et particulièrement de celui de la campagne, mais n'a plus d'importance auprès des esprits cultivés qui même voient dans cette identification un danger pour l'idée de Dieu. C'est ce que l'on faisait ressortir dans un récent journal : *la Paix sociale:*

« Le mal social est d'autant plus grand que la *religion* « *en général* en se constituant.puissance officielle et ter- « restre, en poursuivant ici-bas des dignités et des intérêts « temporels, a compromis l'idée de Dieu. La religion est « donc devenue impuissante à proclamer Dieu ; ses affir- « mations sont suspectes, ses assertions quelles qu'elles « puissent être, sont infirmées d'avance. »

. Nous avons été plus loin et nous ne nous sommes préoccupé en aucune façon de cette identification.

La science moderne ambitieuse, agissante arrache tous les jours à la Nature et au Monde des invisibles, des lambeaux de leur secret: c'est à rassembler toutes ses lumières éparses qui se renforcent les unes et les autres qu'il faut maintenant songer. De plus en plus, le *mécanisme* ressort en toutes choses ; il faut donc remonter à la source ; à savoir à l'atome. C'est le but que je me suis proposé de mettre en évidence, dans ce premier volume où j'ai condensé autant qu'il est possible, tout ce qui peut donner une idée exacte de l'*Energie* et des formes diverses qu'elle est susceptible de prendre.

La conception du monde et des choses ne peut dans ce nouvel ordre d'idées, que dégager l'homme de nombre de préjugés, sans utilité pour le progrès moral et nuisibles à son évolution intellectuelle; aussi est-ce sans me préoccuper des considérations diverses que l'on devine, que j'offre au public ce premier volume relatif à la philosophie atomistique.

Beauvais, imp. A. SCHMUTZ, 32, rue Beauregard.

Original en couleur

NF Z 43-120-8

PUBLICATIONS DU MÊME AUTEUR

Du Mouvement atomique. — 2 vol., Gauthier Villars.

Introduction à la Philosophie atomistique. — 1 broch., Librairie Universelle, 41, rue de Seine.

Mémoires divers présentés à l'Académie des Sciences et aux Congrès de l'Association française pour l'Avancement des Sciences.

Du Mouvement atomique et moléculaire. — Congrès de Blois et Académie des Sciences, nov. 1884.

Écoulement des gaz; Lignes adiabatiques. — Acad. des Sc., nov. 1885.

Sur le calcul théorique de la composition des vapeurs, de leur coefficient de dilatation et de leur chaleur de vaporisation. — Académie des Sciences, mai 1886; Congrès de Nancy.

Dynamique de la molécule d'eau; vitesse de propagation du son; compressibilité, chaleur de fusion de la glace, chaleur spécifique. — Académie des Sciences, juin 1886.

Propriétés physiques du mercure. — Congrès de Nancy; Académie des Sciences, nov. 1886.

Chaleurs spécifiques des liquides. — Acad. des Sciences, janv. 1887.

CONGRÈS DE TOULOUSE. — *Sur l'homogénéité de la formule fondamentale du mouvement atomique; loi de l'attraction.* — *De la constitution de l'alcool à l'état gazeux et à l'état liquide; anomalies relatives à la chaleur de vaporisation; explications de ces anomalies.* — *Propriétés physiques du phosphore.* — *Sur le rayon des molécules secondaires; considérations générales sur les radicaux.* — *Théorie de la compressibilité des liquides basée sur la théorie du mouvement atomique.* — *Théorie nouvelle de la vision droite.*

CONGRÈS D'ORAN. — *L'Énergie propre à la monade, sa fonction répulsive déduite de la théorie du mouvement atomique; l'attraction considérée comme un cas particulier.* — *Détermination du rayon moléculaire.* — *Sur le mode général de détermination des résultantes moléculaires; Composition du gaz ammoniac; chaleur de vaporisation; chaleurs spécifiques C et c.* — *Composition de de la molécule d'éthylène et de gaz des marais; les deux chaleurs spécifiques.* — *Tableau général des résultats obtenus par la théorie de l'auteur.* — *Sur la façon dont s'opèrent les substitutions; gaz des marais et ses dérivés; dérivés, ortho-méta-para-benziniques; molécule de métaxylène.*

www.ingramcontent.com/pod-product-compliance
Lightning Source LLC
Chambersburg PA
CBHW070619100426
42744CB00006B/546